ARCHITECTURE
PEINTURE
ET
SCULPTURE
DE LA
MAISON DE VILLE
D'AMSTERDAM,

REPRESENTÉE EN CIX. FIGURES EN TAILLE-DOUCE.

Où l'on trouve non seulement l'Elevation des quatre Faces du dehors,
mais encore tous les Ornemens du dedans, comme

STATUES, COLONNES, BAS-RELIEFS, CORNICHES,
FRISES, TABLEAUX, PLAFONDS &c.

Le tout très-proprement gravé d'après les Originaux.

*Avec une Explication Historique de chaque Figure, pour l'intelligence des differens sujets, dont
la plûpart sont tirez de l'Histoire ancienne & de la Fable.*

A AMSTERDAM,
Chez DAVID MORTIER, Libraire.
MDCCXIX.

ARCHITECTURE
PEINTURE ET SCULPTURE
DE LA
MAISON DE VILLE
D'AMSTERDAM.

E superbe Edifice dont nous donnons ici la description, est à la Ville d'Amsterdam ce que la Ville même est au reste de la Hollande ; c'est-à-dire que comme Amsterdam l'emporte en beauté & en magnificence sur toutes les autres Villes de ces Provinces, il n'y a point aussi d'Edifice public dans l'enceinte de ses murailles, que la MAISON DE VILLE n'efface par sa grandeur, son bon goût, & sa somptuosité. C'est trop peu dire même de la mettre simplement au dessus de tous les autres bâtimens qu'on admire dans cette grande Ville, qui fait l'étonnement de tous les Etrangers ; puisqu'il n'y a peut-être pas dans tout le reste de l'Univers un Edifice aussi rare & aussi merveilleux par son étenduë, sa richesse, & les singularitez curieuses qu'on y remarque tant au dehors qu'au dedans. Outre que cette lourde Masse, fondée au mois d'Octobre 1648. est toute bâtie sur pilotis, comme tout le reste de la Ville, elle renferme tant de beaux Ouvrages, soit en Architecture, en Sculpture & en Peinture, qu'on peut dire que c'est un Abrégé de tout ce que le bon gout, tant ancien que moderne, a pu rassembler, & que ce Chef-d'œuvre de l'Art fera l'admiration de la Postérité la plus reculée. On ne s'est pas contenté d'en donner ici la représentation en entier; on en a aussi détaché toutes les parties, pour les mettre successivement devant les yeux des curieux. Elles sont toutes comprises dans le nombre de CIX. Planches; Et comme elles renferment chacune quelque chose de singulier, elles méritent aussi chacune une Explication particuliere.

PLANCHE I.

CETTE Planche représente la face de la Maison de Ville considerée du milieu de la place du Dam: elle a 282. piés de large, & sa hauteur est de 116. Il n'y a personne qui n'admire la grandeur, la majesté, & la beauté de ce superbe Frontispice, qui présente aux yeux le plus beau morceau d'Architecture qui se puisse jamais voir. On y remarque deux ordres de Colomnes l'un sur l'autre, le premier de Pilastres Romains ou Composites au nombre de 30. qui, avec leurs ornemens, ont 36. piés de haut; & le second de Pilastres Corinthiens de la même hauteur & symmetrie que les autres. Les Chapiteaux, Architraves, Frises & Corniches en sont d'une régularité parfaite, ornez par tout, comme l'on voit, de Festons, de Guirlandes, & de pentes de fruits, qui font tous ensemble le plus bel objet du monde. On voit au haut un magnifique Fronton, orné d'un très-beau Bas-relief, & surmonté de trois Statuës de bronze dont nous donnerons ci-après l'Explication.

Pour ce qui est du Dôme, qui termine ce superbe Edifice, il est, comme vous voyez, couvert de plomb, & soûtenu de Colonnes de l'ordre Corinthien : ce Dôme renferme l'Horloge dont vous voyez le Cadran au dessous. La Sonnerie en est composée d'un très-agréable Carillon, qui se fait entendre à tous les quarts d'heure : il joue chaque fois un air different avec le dessus & la basse, d'une maniere très-juste & très-bien executée. Il n'y a pas jusqu'aux tremblemens ou cadences, qui ne s'y fassent par le moyen de deux cloches, presque aussi bien que sur deux cordes de Clavecin. Mais si l'on entend toûjours avec plaisir ce Carillon qui précéde les heures ; c'est bien autre chose sur les jours sur le Midi, lorsqu'un Carillonneur très-habile y joüe toute sorte d'airs sur un Clavier. C'est alors que la legereté est bien plus grande que celle du ressort ordinaire, qui fait joüer le Carillon des heures; car quoi que les rouages y fassent leur effet avec toute la justesse possible, c'est pourtant tout autre chose d'entendre les mouvemens differens que la main y exécute, avec tout le brillant & la vivacité que l'on peut desirer. C'est tout dire qu'on y joüe des Sonates Italiennes des plus difficiles avec toute la justesse de la mesure & toute l'harmonie des accords. C'est un véritable concert, qui amuse agréablement la multitude des Marchands,

chands, assemblez sur le Dam, avant que de se rendre à la Bourse. Il y a encore une autre chose à remarquer dans cette Horloge, qui, à la vérité, est commune à toutes les autres Horloges d'Amsterdam: c'est que la demie sonne toûjours d'avance l'heure qui doit suivre, mais sur une cloche differente de l'heure véritable, afin que l'on ne s'y meprenne pas.

On entre dans ce magnifique Bâtiment par sept Portes, qui donnent d'abord matiere de critique à ceux qui ne savent pas la raison de leur structure. Pourquoi, disent-ils, de si petites entrées, à un Edifice si vaste & si somptueux? Un grand & magnifique Portail, n'auroit-il pas mieux répondu à l'ordonnance de tout ce Bâtiment? Il faut donc savoir qu'on a bâti exprès ces petites portes, dont la plûpart sont grillées, pour empêcher l'irruption des seditieux en cas d'émotion populaire. Comme le trésor de la Banque est déposé & gardé dans ce lieu, il a été à propos de ne pas le laisser trop ouvert ; outre qu'on a voulu aussi prévenir la trop grande foule du Peuple, qui pourroit, en certains cas troubler les Déliberations des Magistrats qui s'y assemblent; au lieu que ces ouvertures étant ainsi resserrées & grillées, il est aisé d'y placer des Mousquetaires en dedans, pour tenir en respect la populace. Au reste ces portes sont au nombre de sept, pour réprésenter, dit-on, les sept Provinces-Unies.

PLANCHE II.

La Seconde représente la face du côté qui est vis-à-vis le coin du Marché aux Pipes, & obliquement une partie de la face de derriere. Ce côté, qui regarde le Sud, est orné, aussi bien que celui du Nord de 15. Pilastres à chaque Etage, du même ordre & de la même Ordonnance que les precedens. Chacun de ces côtez a 222. piés de large, autant que la profondeur du bâtiment depuis l'entrée jusqu'à la sortie de derriere. On voit aux quatre coins des avances en saillie, aussi bien qu'aux deux entrées, ce qui dégage beaucoup plus l'Edifice, que s'il étoit uni & plat par tout. Il est isolé de tous les côtez, ce qui fait qu'on en peut beaucoup mieux remarquer les ornemens, & considérer la structure. Ces ornemens, quoi-qu'en grand nombre, n'y causent aucune confusion ; & l'on peut dire que l'œil, sans jamais se lasser, y decouvre toûjours des beautez nouvelles.

PLANCHE III.

La Troisieme représente la face de derriere du côté d'Occident, large de 282. piés, comme la premiere, ce qui fait, avec les côtez, un quarré de 80. piés plus large que long. Cette face est ornée & bâtie dans le même goût que toutes les autres, excepté qu'on y voit dans le milieu un magnifique Fronton, dont nous donnerons la description en son lieu. Il est surmonté d'un Atlas, portant le Globe du Monde, & accompagné de deux Statuës, dont nous parlerons aussi en détail. On voit au haut de chacun des Pavillons qui sont aux Angles de l'Edifice, quatre Aigles de Cuivre doré soûtenant une Couronne Imperiale. Il n'y a pas jusqu'aux cheminées, qui ne soient, comme l'on voit, ornées de Guirlandes & de Festons.

PLANCHE IV.

La Quatrieme représente une Coupure de la face du devant, celle qui regarde du côté de l'Orient étant ôtée. On y voit distinctement les trois Etages dont le dedans est composé. Le premier contient la Banque ou le Trésor, les Prisons, la demeure du Concierge, la Chambre d'Otage, &, pour communiquer à tous ces differens apartemens des Galeries, dont la largeur est de 12. piés 9. pouces. Elles sont éclairées par des fenêtres qui donnent sur des Cours, pratiquées dans l'intérieur du bâtiment, & les divers Apartemens où elles conduisent, regardent aussi ou sur ces Cours, ou sur les places qui environnent l'Edifice. Ces Galeries sont autant de Voutes, apuyées sur d'autres qui sont sous terre, & qui en soûtiennent d'autres encore, en sorte qu'il y en a trois rangs l'un sur l'autre. Que si l'on considere la pesanteur de ces lourdes masses, qui sont toutes de pierres, revêtuës de marbre en plusieurs endroits, on sera surpris avec raison, de penser que tout cela est soûtenu sur des piliers de bois, puisqu'à peine pourroit-on bâtir un tel Edifice sur la terre ferme. Le second Etage renferme la Grand' Sale, qui meriteroit elle seule un volume entier, les Galeries qui l'environnent, la Secretairerie, la Chambre de Desolation, celle des Commissaires pour les Mariages, celle qu'on nomme la Chambre au service de la Maison de Ville, la Chambre des Bourguemaîtres, une autre où l'on garde les Archives de la Ville, la Treforerie, la Chambre du Conseil, la Chambre des Orphelins, la Chambre des Assurances, la Chambre des Comptes, la Chambre des Echevins Ordinaires & Extraordinaires, celle des affaires de Marine, le Comptoir du Schout ou Grand Baillif, la Chambre des Commissaires du Levant, la Chambre de l'Artillerie &c. Cet Etage est partagé en divers endroits par un Entresol, où tous ces Apartemens sont menagez avec beaucoup d'ordre & de commodité. Au 3. Etage sont des Galeries & divers autres Apartemens.

PLANCHE V.

La Cinquieme représente une coupure de la

la face du Nord, celle qui regarde la Neuve Eglife étant ôtée. Ce côté de la Maifon de Ville renferme le Corps de Garde, l'entrée des Prifons, la Chambre de la Queftion, l'Apartement du Geolier, la Chambre du Confeil, celle des Echevins extraordinaires, une Chambre de deffus pour le Geolier, celle qu'on nomme au fervice de la Maifon de Ville, l'Arfenal, des Galeries, & des Lieux ouverts ou Cours, fur lefquelles la plûpart de ces Apartemens ont des vuës. L'Arfenal eft un lieu, qui mérite particulierement la curiofité des Etrangers; on y voit toute forte d'Armes, tant antiques que Modernes, des parties du Monde les plus éloignées, auffi bien que de l'Europe, & en tel nombre qu'on en pourroit armer aifément plus de vingt mille hommes.

PLANCHE VI.

La SIXIEME repréfente le plan entier du bas étage, où l'on diftingue aifément toute l'ordonnance & la diftribution de l'Edifice. On y voit premierement les fept entrées communes dont nous avons parlé; enfuite la Galerie qui eft devant le Tribunal duquel nous donnerons une Defcription particuliere: le Degré qui mene à la Grand' Sale, le Lieu où fe tiennent les Sergens portant verges; celui où fe monte la Garde Bourgeoife pendant la nuit; le Corps de Garde; la Chambre des Teneurs de Livres de la Banque; une autre propre pour une grande Affemblée, celle des Receveurs de la Banque; la Chambre d'Effai, c'eft-à-dire où l'on effaye l'Or & l'Argent; les Apartemens du Concierge & du Geolier; la Chambre de la Queftion; la Chambre d'Otages; un lieu de provifions; diverfes Galeries, Lieux ouverts &c. L'ouvrage de deffus le fondement eft de briques, d'environ fept piés d'épaiffeur, depuis les piliers jufqu'à la furface. Le refte de l'ouvrage eft de pierres blanches de Breme & de Bentem. Le nombre des Pilotis fur lefquels tout l'Edifice eft foûtenu, eft de 13. mille 6. cens 95.

PLANCHE VII.

La SEPTIEME repréfente le Plan entier du fecond Etage, contenant la Tribune, la Chambre des Bourguemaîtres, leur Apartement, le Tribunal, la Chambre de Juftice, la Chambre du Confeil, la Treforerie ordinaire, la Chambre des Orphelins, la Secretairerie, la Chambre d'Affurance, la Chambre de Défolation, la Chambre des Comptes, le Comptoir du Schout, la Chambre des Echevins ordinaires & extraordinaires, l'Apartement des Avocats & Procureurs, la Chambre des Commiffaires des petites affaires, la Treforerie extraordinaire, la Grand' Sale, les Degrez communs, les Degrez qui ménent à la Chambre du Confeil de Guerre, les Degrez qui vont au Dôme, les Lieux ouverts, les Galeries qui environnent la Grand' Sale &c. Cette Sale, qui eft proprement le Veftibule de toutes les autres Chambres, eft large de 36. piés 9. pouces, fur environ 120. de long. Les Galeries font larges de 20. piés 9. pouces fur une longueur, quant à celles des côtez, paralléle à la longueur de la Sale.

PLANCHE VIII.

La HUITIEME repréfente le Plan entier du Troifieme Etage, où l'on voit le Tribunal, la Grand' Sale, les Galeries, la Sale & Apartement du Confeil de Guerre, les Degrez communs, & les Lieux ouverts. Cet Etage, qui eft furmonté du Dôme dont nous avons parlé, eft couvert d'un Toit d'Ardoife, au milieu duquel eft une Terraffe couverte de plomb, environnée d'une Baluftrade. Aux quatre coins du Toit, font des Refervoirs de plomb, contenant chacun 100. tonnes d'eau de pluye, en cas de feu; & dans un autre endroit vers l'Arfenal, il y a un lieu où l'on tient les pompes.

PLANCHE IX.

La NEUVIEME eft le Fronton qui termine le Frontifpice de la principale face du côté de l'Orient. On y voit une Femme qui repréfente la Ville d'Amfterdam, dont elle porte les Armes fur fon Genouil droit: elle a fur la Tête une Couronne Imperiale: elle eft affife fur une Chaife fuportée par deux Lions, tenant de la main droite une branche d'Olivier. A fes côtez font quatre Nayades qui lui préfentent des Couronnes de Palme & de Laurier; deux autres Déeffes Marines lui viennent auffi préfenter diverfes fortes de fruits. A fa droite on voit des Tritons qui femblent jouër de leurs Conques: ils font accompagnée d'une Licorne & d'un Cheval Marin: on y voit auffi Neptune avec fon Trident, affis fur une Coquille. Tout l'ouvrage eft de Marbre parfaitement bien travaillé, & marque que la Ville d'Amfterdam, qui n'eft jamais plus floriffante que quand elle joüit de la Paix, s'eft enrichie par fon commerce dans toutes les Mers, dont on lui offre des tributs de toutes parts. Ce Fronton a 82. piés de long fur 18. dans fa plus grande hauteur. Il eft couronné de trois figures de bronze, qui ont chacune douze piés de haut; nous en donnerons une explication particuliere.

PLANCHES X. XI. & XII.

La I. de ces trois figures eft la PAIX, tenant d'une main une branche d'Olivier, & de l'autre le Caducée de Mercure. La II. eft la JUSTICE tenant d'une main la Balance, fymbole

ARCHITECTURE DE LA MAISON

bole de l'Equité, & de l'autre un Sceptre avec un œil toûjours ouvert, pour marquer que la Juſtice eſt la véritable Reine des Etats, & qu'elle veille ſans ceſſe à leur conſervation par les jugemens pleins de droiture qu'elle prononce. La III. eſt la PRUDENCE, aiant un ſerpent, qui en eſt le ſymbole, entortillé autour de l'un de ſes bras, & tenant à la main droite un miroir ardent, pour marquer qu'elle réunit en ſa perſonne tous les rayons de la Raiſon la plus éclairée. Rien n'eſt plus convenable à l'Edifice qui ſoûtient ces ſtatuës, que de tels ſymboles des grandes qualitez que doivent avoir les Magiſtrats qui s'y aſſemblent. Tout le but de leurs Déliberations eſt de faire fleurir cette Ville par le Commerce, qu'il n'y a que la Paix ſeule qui puiſſe affermir. De quelle Juſtice & de quelle Prudence n'ont-ils pas beſoin pour aſſurer ſon repos par de bonnes Loix & par de ſages Ordonnances?

PLANCHE XIII.

Cette Planche repréſente le Fronton qui termine la face de derriere du côté du Couchant. On y voit dans le milieu la Déeſſe du Negoce ſous la figure d'une Femme, aiant ſur la tête le bonnet aîlé de Mercure qui eſt le Dieu Tutelaire des Marchands, & derriere elle un Vaiſſeau repréſentant les anciennes Armes d'Amſterdam. Elle eſt environnée de toute ſorte d'inſtrumens de Pilotage. A ſes piés ſont deux Dieux de Fleuves, l'un repréſentant le Y, & l'autre l'Amſtel. Aux deux côtez ſont des Habitans des quatre parties du Monde, offrant à la Déeſſe un Tribut des fruits de leurs Pays. Tout cela eſt de Marbre, & plus grand que le Naturel, pour être vû d'en bas avec plus de facilité. Ce Fronton eſt couronné, comme l'autre, de trois Statuës chacune de 12. piés de haut.

PLANCHES XIV. XV. & XVI.

La I. de ces trois Planches eſt un ATLAS de Bronze ſoûtenant le Globe terreſtre de même Métal. Il eſt placé ſur la pointe du Chapiteau, avec lequel il s'unit très-bien par ce qu'il repréſente; car il marque par le Globe qu'il porte ſur ſa tête que la Ville d'Amſterdam étend ſon Commerce par tout le Monde, & que ſa réputation n'a pas non plus d'autres bornes que l'Univers, puiſqu'elle envoye par tout des Colonies qui font connoître ſon nom & ſa puiſſance aux Climats les plus reculez. La II. & la III. Planche ne ſont pas moins propres au ſujet: l'une eſt la TEMPERANCE tenant à la main un frein, pour marquer la moderation qu'on doit avoir au milieu des plus grandes richeſſes, & le ſoin qu'on doit prendre de refrener l'inſatiable cupidité; l'autre eſt la VIGILANCE, ſans laquelle le Commerce le plus floriſſant ſe détruit bien-tôt; elle tient d'une main un Livre de Comptes, pour marquer l'attention qu'on doit aporter à tenir ſes comptes en bon état, & de l'autre un flambeau, pour ſignifier que le Commerce pour être légitime ne doit point ſe faire par des voyes obſcures & ſoûterraines. Et enfin elle a à ſes piés un Cocq qui chante, pour tenir ſans ceſſe les Négocians éveillez ſur leurs juſtes intérêts.

PLANCHE XVII.

Cette Planche repréſente la Chambre de Juſtice, ou le Tribunal qui ſe trouve au pié du Grand Eſcalier, tel qu'on doit aporter à tenir d'Orient. C'eſt en ce lieu qu'on lit la ſentence aux Criminels avant leur exécution; c'eſt pourquoi on y a placé ces deux Statuës, la Juſtice & la Prudence, dont nous parlerons ci-après. Tout ce qu'on y remarque n'eſt capable que d'inſpirer de la terreur, par le raport qu'ont toutes les Figures à la punition des coupables. Ce lieu eſt bien grillé de tous côtez pour ôter aux Criminels toute eſpérance de pouvoir échaper aux juſtes châtimens qu'ils méritent. L'Architecture en dehors eſt d'une noble ſimplicité; elle n'eſt point trop chargée d'ornemens, mais tout y eſt ménagé avec beaucoup d'ordre & de goût. Le dedans eſt orné de Figures en ſuport, avec trois Hiſtoires de l'Antiquité, dont l'explication ſe trouvera ci-après.

PLANCHE XVIII.

Cette Planche repréſente la face du même Tribunal du côté du Midi. Remarquez ces Serpens, ces Epées, ces Foudres, & ces Flèches entrelaſſées qui compoſent la grille, & qui marquent, les uns les remords qui déchirent la conſcience des Criminels condamnez pour leurs forfaits, les autres le glaive tranchant qui va ſéparer leurs têtes de leurs corps, & les autres, la terreur de la Juſtice, qui va lancer ſur eux ſes foudres & ſes carreaux. On ne peut aprocher de ce lieu ſans être ſaiſi d'une ſainte horreur.

PLANCHE XIX.

Cette Planche repréſente l'intérieur du Tribunal tel qu'on le voit du côté de l'Occident, & le Tout-enſemble des trois Hiſtoires de l'Antiquité dont chacune ſera expliquée ci-après. Elles ſont toutes trois en Marbre blanc, travaillé par de très-habiles Maîtres. Dans le milieu eſt le Jugement de Salomon: à droite le Tableau de *Seleucus*; & à gauche celui de *Brutus*: nous dirons tout à l'heure ce qu'ils repréſentent. Remarquez ces quatre Femmes qui ſoûtiennent les Pilaſtres, nous aurons encore occaſion d'en parler.

PLAN-

PLANCHE XX.

Cette Planche repréſente la vuë du même Tribunal du côté du Septentrion; elle ne contient rien qui demande une explication fort circonſtanciée. On y voit dans le milieu une tête de Mort avec deux Genies qui pleurent pour marquer que la Mort attend là ceux que la Juſtice y conduit; & que c'eſt en vain qu'ils pleurent à l'apareil du ſuplice, d'autant qu'il faloit le prévenir par des pleurs qui operaſſent un véritable amendement de vie.

PLANCHE XXI.

Voici le premier des trois Tableaux qui ſe préſentent en commençant par la gauche quand on eſt dans le Tribunal. On y voit *Brutus* immolant courageuſement ſes deux Fils à la liberté de Rome, où ils avoient voulu rétablir les Tarquins que leur Pere avoit chaſſez. Ce genereux Romain, faiſant ici la fonction de Juge contre ſon propre ſang, fait ceder la tendreſſe paternelle à ſon amour pour la Patrie, & les ſentimens de la nature ne peuvent rien contre ceux d'un bon Citoyen. Déja l'un de ſes Fils eſt renverſé à ſes piés ayant la tête ſeparée du corps; & l'autre dans une poſture de Criminel, eſt prêt à recevoir le coup mortel que le bras du Boureau va décharger ſur ſa tête. Déja il tient la hache levée, & l'on diroit qu'on la va voir tomber à tout moment ſur le cou penché du patient. Admirez l'attitude du Pere, qui regarde ce ſanglant ſpectacle d'un œil ferme, & qui, par ſon geſte, ordonne au Boureau d'achever le ſacrifice, qu'il fait à la ſureté commune. Belle leçon pour les Traîtres, qui conſpirent contre la Liberté de leurs concitoyens! Exemple admirable pour les Juges, qui doit leur aprendre à ne jamais faire acception de perſonnes, & à étoufer même la voix de la nature, quand il s'agit de l'obſervation des juſtes Loix.

PLANCHE XXII.

Celle-ci repréſente le celebre Jugement de Salomon pour connoître la véritable Mere d'un Enfant que deux Femmes ſe diſputoient. On voit dans le milieu ce Prince aſſis ſur ſon Tribunal, le Sceptre à la main & la Couronne ſur la tête, qui ordonne à l'Exécuteur de ſon arrêt de partager l'Enfant, pour en donner une moitié à chacune de ces deux Meres. Le glaive trenchant eſt prêt à faire ce terrible partage, lorſque la veritable Mere embraſſe d'une main ſon Enfant, & leve l'autre pour détourner le coup. La fauſſe Mere au contraire, d'une contenance libre & aſſurée conſent à l'exécution de l'arrêt. Il ſemble que l'Exécuteur, incertain de ce qu'il doit faire, en demande des yeux un ordre réïteré à Salomon. Et cet Exemple aprend aux Juges quel diſcernement & quelle précaution ils doivent employer avant que de rendre un Arrêt, pour s'inſtruire au vrai du Droit des parties; ſoit quand il s'agit d'adjuger un bien qui eſt litigieux: ſoit lorſqu'il eſt queſtion de prononcer une ſentence de mort, puiſque dans l'un & dans l'autre cas ils ſont responſables des fautes qu'ils commettent par ignorance.

PLANCHE XXIII.

Celle-ci enfin repréſente un autre effet de la Juſtice d'un Pere, qui, ne voulant rien relâcher de la rigueur des Loix, partage du moins avec ſon Fils la peine qu'il méritoit pour un Adultere. Cette peine, alors, étoit la perte des deux yeux, que l'on crevoit au coupable, comme pour le punir par la partie qui avoit la premiere commis le crime; car c'eſt par les yeux que l'amour entre ordinairement dans l'ame; & quiconque veille ſoigneuſement ſur ſes regards, ſe garentit de ſes pieges avec plus de facilité. Le Fils de *Seleucus*, ſurpris par les charmes d'une belle Femme, avoit trouvé les moyens de ſatisfaire ſes deſirs. Par malheur pour lui il fut pris ſur le fait. La Loi étoit formelle; il devoit être pour jamais privé de l'uſage des yeux. Que fait *Seleucus* ſon Pere? Par une generoſité qui ne trouve plus d'exemple, il s'offre de ſubir la moitié de la peine que ſon Fils avoit juſtement encouruë, il conſent de perdre un œil pour conſerver un à ce Fils qu'il aime ſi tendrement. Vous voyez dans ce Tableau avec quelle conſtance ce Vieillard ſouffre une operation ſi douloureuſe. Tous les aſſiſtans en paroiſſent plus émus que lui; & ſon Fils doublement penetré de douleur, attend de l'autre côté le moment fatal de ſuivre le courageux exemple que ſon Pere lui donne.

PLANCHE XXIV.

Cette Planche repréſente la premiere pierre de ce ſuperbe Edifice, poſée le 28. Octobre 1648. Voici le ſens de l'inſcription qu'on y lit en Latin. *Le IV. jour avant les Calendes de Novembre de l'an 1648. auquel fut terminée la guerre qui duroit depuis plus de quatre-vingts ans tant par mer que par terre dans preſque toutes les parties du Monde, entre les peuples des Pays-Bas unis, & les trois Philippes Rois d'Eſpagne; après que la Liberté de la Patrie & la Religion eurent été affermies, ſous les Auſpices des Seigneurs Bourguemaîtres* GERB. PANCRAS, JACQ. DE GRAEF, SIB. VALCKENIER, PIER. SCHAEP, *cette pierre fut poſée par les Fils & deſcendans deſdits Seigneurs Bourguemaîtres, comme le premier fondement de cet Edifice.* Elle eſt ſurmonmontée de la Ville d'Amsterdam sous la Figure d'une Femme, qui tient ses Armes d'une main, & de l'autre le Caducée de Mercure, dont elle a aussi le Bonnet ailé sur la tête. Des deux côtez de la Pierre sont les Divinitez des deux Fleuves qui baignent les murailles de cette grande Ville, savoir l'Y & l'Amstel, chacun d'eux tenant une Urne & d'autres Hieroglifes qui leur sont propres. Au haut se voyent les Armoiries des quatre Bourguemaîtres dont il est parlé dans l'inscription.

PLANCHES XXV. & XXVI.

Deux Statuës de Marbre blanc plus grandes que le naturel, dont l'une représente la JUSTICE & l'autre la PRUDENCE. Elles sont placées dans le Tribunal comme nous l'avons fait remarquer ci-devant Planche XVII.

PLANCHES XXVII. & XXVIII.

Ces deux Planches représentent chacune deux Femmes Criminelles à demi-nuës qui sont aussi en Marbre, placées entre les Basreliefs du Tribunal ou Chambre de Justice, soûtenant de la tête les Chapiteaux des Pilastres contre lesquels elles sont apuyées. Deux de ces Figures se cachent le visage avec les mains, pour marquer la honte qu'elles ont de leurs crimes, & les deux autres paroissent attachées, les mains derriere le dos, à un pilier, pour être fustigées.

PLANCHES XXIX. & XXX.

Ces deux Planches représentent les ornemens des Pilastres qui se voyent en divers endroits de la Grand' Sale, aussi en Marbre comme tout le reste de l'ouvrage. La I. contient deux pentes de fleurs & de fruits, entortillées chacune d'un Serpent qui semble les vouloir piquer. La II. représente deux têtes de Meduse, avec un autre ornement dans le milieu, où l'on voit un œil ouvert sur une épée & une palme posées en sautoir.

PLANCHE XXXI.

Cette Planche représente le Pavé de la Grand' Sale des Bourgeois, qui mérite une Description particuliere. Outre qu'il est tout de Marbre noir & blanc, disposé en compartimens, on y voit trois Planisphères, qui, quoi-que foulez aux piés, ne laissent pas d'être fort estimez des Connoisseurs. Le premier qui se présente à l'entrée de la Sale est la partie du Globe terrestre que nous habitons, contenant l'Europe, l'Asie & l'Afrique, avec leurs Iles, Caps, Rivieres, Mers & une partie de la Nouvelle Hollande. Celui du milieu est la moitié du Globe Celeste que nous voyons au dessus de nos Têtes. On y remarque les principales Constellations, comme la grande Ourse, le Dragon, le Paysan, la Couronne Attique, l'Hercule, le Pegase &c. Le troisieme, vers le fond de la Sale, est l'autre partie du Globe terrestre, opposée à celle que nous habitons, où l'on voit l'Amerique Septentrionale & Meridionale avec les Iles, Côtes & Mers qui les environnent. Ces Planisphères composez de pièces de raport & de pierres de differentes couleurs, sont tout-à-fait exacts ; on y trouve tous les cercles qui sont décrits dans les Mapemondes ordinaires : La Ligne Equinoctiale, le Zodiaque, les deux Tropiques, les Cercles Polaires, les Meridiens, les Cercles Parallèles, tous faits de cuivre & placez dans leurs justes proportions. Chacun de ces Demi-Globes a 22. piés de Diametre & 66. de circonference. Comme il se fait dans cette Sale un concours de gens de toutes professions, on diroit qu'on a cherché exprès à les divertir, chacun selon leur goût, pendant qu'ils y attendent l'heure des Audiences : Les Connoisseurs en Architecture & en Sculpture y trouvent de quoi satisfaire amplement leur curiosité, par la quantité de Colonnes, de Statuës, de Bas-reliefs, de Frises, de Festons, de Guirlandes &c. dont les murailles, incrustées de Marbre, sont toutes chargées. Les Plaideurs y peuvent considerer la Justice avec tous ces emblêmes, fort capables d'entretenir l'espérance qu'ils ont tous de gagner leurs procès. Les Voyageurs y parcourent agréablement d'un coup d'œil tous les Pays où ils se sont transportez, les vastes Mers où ils ont navigué ; & selon le bonheur ou le malheur qu'ils ont éprouvé dans leurs voyages, ils forment de nouveaux projets, ou pour s'exposer encore sur les flots, ou pour demeurer chez eux tranquillement le reste de leur vie. Le Pilote experimenté y montre à ses Enfans la route qu'il a tenuë ; & le Matelot encourage les jeunes gens qui l'écoutent à tenter hardiment une Navigation qu'il a déja faite tant de fois. Les Savans n'y trouvent pas moins dequoi s'occuper, soit en observant la situation de toutes les parties de la terre, soit en considerant le raport qu'elle a avec les parties des Cieux qui l'environnent de toutes parts. Enfin les Curieux, qui y vont simplement pour repaître leurs yeux, peuvent y passer des jours entiers à considerer dans ce lieu des beautez toûjours nouvelles.

PLANCHE XXXII.

Voici l'élevation & la vuë de la superbe Sale des Bourgeois, considerée du côté d'Orient, c'est-à-dire en se tournant vers l'Entrée. On y entre premierement par deux grandes portes de Cuivre, que l'on rencontre au haut du grand Escalier. Lorsqu'on est parvenu au fond & qu'on se retourne ensuite

du

du côté de l'entrée, on voit la belle perspective que cette Planche représente ici. L'ordre du Portail est Corinthien, de Marbre rouge & blanc, avec le Chapiteau, l'Architrave, la Frise & la Corniche de même. Au dessus est une Femme assise représentant la Ville d'Amsterdam. Cette figure est de pierre blanche, accompagnée, comme on voit, de Guirlandes, & de Festons. Les deux côtez de la Sale & les deux côtez des Portes sont ornez de Colonnes Corinthiennes qui soûtiennent le Plafond. C'est là que l'œil se promene agréablement sur les différens objets qui se présentent de toutes parts. L'on n'y voit que Marbre, que Statuës, que Pilastres; & tout y est d'un goût & d'une ordonnance admirable. A côté gauche de la porte en trant est la Chambre des Bourguemaîtres, & à côté droit, le Tribunal de Justice, d'où les Juges voyent l'exécution des Criminels, par les fenêtres qui repondent sur le Dam. Les jours que se doit faire l'exécution, on éléve un Echafaut à la hauteur de ces fenêtres, par l'une desquelles les Criminels sont conduits au lieu du suplice. C'est afin que la populace n'entreprenne point de les enlever, comme elle pourroit peut-être faire, si on les faisoit passer par la ruë. Toutefois la Justice de la Ville n'est pas trop severe; & l'on peut dire que quand elle condamne quelcun à la mort, il l'a déja méritée plus d'une fois.

PLANCHE XXXIII.

Cette Planche représente la même Sale du côté d'Occident, telle qu'on la voit en entrant. Le Portail de la Chambre des Echevins qui est au fond, est d'une Architecture toute semblable à celle de l'Entrée à laquelle il est oposé. Comme c'est dans cette Chambre que se rend la Justice, on voit au dessus de la porte la Statuë de cette Déesse, avec la balance dans une main & l'épée dans l'autre. A ses piés est la figure de l'Envie aiant la tête environnée de Serpens. A droite est la Mort, envelopée d'un Linceul, s'apuyant sur le bras droit, avec une sablier vuide à côté d'elle. Sur sa tête voltigent deux Genies l'un tenant des foudres, & l'autre étant chargé de verges. A gauche est la Punition avec un visage severe, tenant à la main droite le faisseau de fléches Romaines avec la hache; sur elle est une jambe de bois, à côté des chaînes, & au dessus voltigent des Harpies.

PLANCHE XXXIV.

Ici est représenté le côté de la Grand' Sale qui regarde le Nord, avec une partie des Galeries. Admirez tout à la fois la magnificence & la regularité de ce lieu. Sept Colonnes Corinthiennes l'une sur l'autre occupent toute la largeur des côtez. Considerez la beauté des Statuës qui y sont placées d'éspace en espace. La premiere que l'on voit dans l'une des Galeries, est celle de la Déesse VENUS, d'un très-beau Marbre blanc. L'autre est celle du Dieu SATURNE avec sa tête chauve & ses haillons. Il tient de la main gauche une faucille, & de la droite un Enfant qu'il semble vouloir devorer.

PLANCHE XXXV.

Cette autre Planche représente la Galerie du côté du Midi dans toute sa longueur. Ces Galeries ont huit faces qui répondent aux quatre côtez de la Sale. Elles sont toutes ornées de Statuës de six piés de haut de Marbre blanc sur leurs Piédestaux, parfaitement bien travaillez & enrichis d'ornemens convenables à ce que les Statuës représentent. Celle que l'on voit entre la Treforerie Ordinaire & la Secretairerie est le Dieu MERCURE, apuyé sur un tronc d'arbre, avec son Chapeau ailé, tenant son Caducée: aiant à sa droite un Cocq & à sa gauche un Bouc, accompagné de divers feuillages. De l'autre côté, entre la Secretairerie & la Treforerie Extraordinaire, est la Statuë de JUPITER, le souverain des Dieux, représenté sous la figure d'un homme robuste, chevelu & barbu, avec un manteau parsemé d'Etoiles. Cette Piéce est achevée. Ce Dieu tient la foudre à la main: à sa gauche est un Aigle foudroyant, & à sa droite un Belier.

PLANCHE XXXVI.

Cette Planche est la Galerie qui se voit du côté de l'Orient. Elle est de la même Architecture & symmetrie que toutes les autres. Entre la Chambre du Conseil & celle du Magistrat des Orphelins est la Déesse CYBELE représentant la Terre. Les Poëtes l'apellent la Mère des Dieux, parce qu'ils feignent que c'est elle qui leur a donné à tous la naissance. Elle est vêtuë d'une Robe qui lui descend jusqu'aux piés, sur laquelle est un autre vêtement dont la bordure est un tissu de fleurs & de toute sorte de feuillages. La Couronne qu'elle a sur la tête est entourée de Châteaux & de Tours. Dans sa main gauche elle tient une Clef, pout montrer qu'en hiver elle ferme le sein de la Terre; & qu'elle l'ouvre en Eté, lorsqu'elle en fait sortir les Plantes & les Fruits. Elle tient un Sceptre dans l'autre main, pour marquer la domination qu'elle exerce sur la terre. A ses piés on voit deux Lions auxquels son Char est attelé. Considerez les ornemens du Piédestal, les cornes d'abondance remplies de toutes sortes de fruits, pour marquer que cette Déesse est celle qui nourrit tous les habitans du Monde. Ce n'est pas sans dessein que cette Statuë est placée près de la Chambre des Orphelins. C'est un

Emblême de la Providence qui pourvoit abondamment aux besoins de ces pauvres Enfans. Non seulement rien ne leur manque; mais on peut dire même qu'ils sont heureux, dans leur malheur, puisqu'ils reçoivent, par les soins des sages Magistrats préposez à leur Entretien, une Education beaucoup meilleure qu'ils ne l'auroient reçuë de leurs Peres & Meres. Les Maisons où on les éleve sont gouvernées avec une prudence merveilleuse. On les y entretient de toutes choses generalement, jusqu'à ce qu'ils soient en âge de choisir une Profession; & en attendant on leur fait aprendre un métier qui les met en état de s'entretenir le reste de leur vie.

PLANCHE XXXVII.

Ceci est la Galerie qui va de la Grand' Sale vers le Nord. Nous en avons déja vû une partie dans la Planche XXXIV. Mais celle-ci represente le point de vûe ou la Perspective de la Galerie entiere dont l'autre ne nous a fait voir qu'un côté. On découvre au fond la Statuë de SATURNE, dont nous avons déja parlé. Considerez la beauté de cette voute, & le charmant effet que doit produire aux yeux l'assemblage de toutes ces parties que nous considerons ici séparément.

PLANCHE XXXVIII.

Voici le Plafond de la Grand' Sale, dont nous avons jusqu'ici décrit le Pavé & les Cotez. Considerez ces divers Compartimens, qui répondent à ceux de Marbre blanc & noir que vous avez vus dans la XXXI. Planche. Comme vous n'y avez remarqué que la moitié du Globe Celeste, il auroit manqué quelque chose à votre curiosité, si l'autre moitié ne se découvroit à vos yeux lorsque vous les élevez en haut. Celle-ci répond précisément à l'autre, & est d'autant mieux placée, qu'elle se trouve dans sa situation naturelle. Admirez les beaux morceaux de peinture que vous voyez des deux côtez. L'un represente la Chute de Phaëton, lors-qu'il voulut entreprendre de conduire le Char du Soleil. C'est une belle leçon pour les Ambitieux qui veulent trop s'élever, & pour ceux qui prennent des Emplois qui sont au dessus de leurs forces. L'autre est l'Enlévement d'Orithie par Borée. Considerez encore, ces oiseaux qui sont aux deux Extremitez du Plafond. Il semble qu'ils vont descendre sur la terre, du haut des nuës où ils paroissent voltiger. Le reste sont divers autres ornemens dont l'agréable varieté répond à tout ce qui se voit de curieux dans l'étendue de cette superbe Sale.

PLANCHE XXXIX.

Voici la Chambre du Conseil de Guerre, telle qu'on la voit du côté de l'Orient. Remarquez les divers ornemens dont les Pilastres sont chargez, qui conviennent tous aux Déliberations qui se tiennent dans cette Chambre. Voyez ces trophées d'Armes composez de Flêches, de Dards, de Piques, de Javelots, de Drapeaux, d'Etendars, de Trompetes, de Fifres, de Tambours, de Tymbales, de Casques, de Heaumes, de Boucliers, de Brasselets, de Cuirasses, d'Armures entieres, de Carquois, d'Arcs, de Rouës &c. Mais considerez sur tout le Tableau qui est dans le fond. Il represente le Dieu Mars, tenant d'une main une Palme & de l'autre une Couronne de Laurier, destinées à celui qui reviendra vainqueur. A ses piés sont des peuples effrayez du bruit de Guerre, que la Renommée qui est au dessus, fait entendre avec sa Trompette. Vous voyez derriere le Dieu les Trophées élevez à son honneur. Il porte une Couronne murale, pour marquer que c'est lui qui défend ou qui attaque les Villes, selon qu'il se déclare pour le vainqueur ou pour le vaincu.

PLANCHE XL.

Autre face de la Chambre du Conseil de Guerre, telle qu'on la voit du côté du Midi. Cette face est plus simple que l'autre, mais elle n'en est pas moins noble dans sa simplicité. La cheminée est ornée d'une grande Glace de miroir où se reproduisent tous les objets représentez de l'autre côté. Remarquez seulement tous ces Ecus d'Armoiries, qui pendent aux Festons des deux côtez de la cheminée. Ils sont vuides, pour marquer qu'ils n'attendent que le retour des Guerriers qui seront signalez par leurs exploits, pour en remplir ces Ecussons, qui deviendront alors des monumens éternels de leur gloire.

PLANCHE XLI.

Voici le Plafond de cette même Sale. On n'y voit que des Palmes, des Couronnes, & d'autres marques des récompenses qui attendent les Guerriers à leur retour. On y voit aussi des Ecussons vuides, par la même raison que l'on vient de dire. Et le même Dieu Mars, que nous avons consideré dans le Tableau de la Planche XXXIX. se voit ici au milieu, tenant deux Couronnes & prêt à descendre du Ciel, pour les mettre sur la tête des Vainqueurs. Remarquez comme il sort du milieu des nues, qui paroissent s'ouvrir, pour lui laisser la liberté de venir couronner ceux qu'il juge dignes de l'immortalité.

PLAN-

PLANCHE XLII.

Voici en particulier le Tableau de la JUSTICE dont nous avons déja parlé dans l'explication de la Planche XXXII. Nous en pouvons bien mieux découvrir ici toutes les beautez. Toutes les figures en sont animées, pour ainsi dire, ou du moins marquent par leur attitude propre & énergique leurs differens emplois. Remarquez la serenité & l'auguste Majesté qui est peinte sur le visage & dans toute la contenance de la Justice. Elle ne paroît émuë d'aucune passion, & pour tenir la balance égale entre les parties qu'elle juge, il faut qu'elle ne soit susceptible d'aucun mouvement de partialité. L'Envie qui est à ses piés marque bien par la rage qui éclate sur son visage, & par les Serpens qui lui tiennent lieu de cheveux, combien elle souffre de se voir réprimée par la Justice, qui, donnant à chacun ce qui lui apartient, défend à l'Envie de convoiter le bien d'autrui. La Mort apuyée sur sa faux, marque qu'il faut profiter de la vie pour pratiquer les justes Loix; parce que, quand le Sablier est vuide, c'està-dire, quand le tems qui nous est donné pour faire le bien est écoulé, il n'y a plus alors qu'une attente terrible d'un Jugement sans misericorde. C'est ce qui est représenté par la foudre que l'on voit au-dessus. La Punition que l'on voit de l'autre côté, tient tous les instrumens des suplices destinez aux Criminels; & les Harpies aux aîles de Chauvesouris que l'on voit au-dessus, marquent les remors d'une conscience coupable de crimes, qui en est déchirée comme par autant de Furies.

PLANCHE XLIII.

Cet autre Tableau est celui que l'on voit au-dessus de la porte, où la FORCE est représentée sous la figure des quatre Elemens. Le FEU qui est le Roi de tous les autres est marqué par le Soleil que l'on voit à côté gauche de la principale figure, & son Empire sur les autres Elemens est figuré par le Sceptre que tient le Genie qui est auprès. A côté de celui-là est un autre Genie, qui représente l'EAU par le gouvernail qu'il tient à la main. A droite on voit l'AIR représenté par Mercure, le Messager des Dieux, qui n'a d'autre route que l'Air, pour exécuter les ordres qu'ils lui donnent. Et auprès de lui est la TERRE, sous la figure d'un Genie qui tient une Corne remplie de toutes ses productions. La Femme assise dans le milieu est la FORCE, qui réunit en elle toutes les qualitez de ces quatre Elemens. C'est précisément cet assemblage de qualitez contraires, qui, bien ménagées, produisent la force & le courage nécessaires pour vaincre toutes les difficultez. Et comme cette Force est toûjours victorieuse & triomphante, elle tient entre ses mains des Palmes & des Branches d'Olivier, qui sont les marques de sa Victoire. La Couronne murale dont sa tête est ornée, est encore un Emblême de la protection qu'elle donne aux Citez où regne l'union. Les Lions qui sont à ses piés, étant les plus courageux de tous les Animaux, conviennent bien aussi aux attributs de la Force; & les deux figures qui sont à côté, marquent qu'elle fait employer à propos & l'Epée & le Bouclier, pour surmonter les obstacles qui s'oposent à ses justes desseins. Mais ces deux figures sont assises, pour marquer que la véritable force doit être moderée, & non pas un emportement fougueux qui tient plûtôt de la fureur.

PLANCHE XLIV.

Cette Planche représente les effets prodigieux de l'Harmonie. On y voit Amphion, qui par le son de sa Lyre, rebâtit la Ville de Thebes. Voici le sens de cette fiction. Amphion fils de Jupiter & d'Antiope aprit si bien à joüer de la Lyre, que les Poëtes feignirent que les Pierres le suivoient, pour marquer qu'il avoit l'art d'adoucir les ames les plus feroces. Ils ajoûterent que les pierres se rangeoient d'elles-mêmes pour relever les murailles de Thebes, parce qu'Amphion persuada aux Thebains, par la douceur de cet instrument, de rebâtir leur Ville ruïnée. Or c'est ce qu'on voit ici, où Amphion jouant tranquillement de sa Lyre, fait mouvoir, non pas les pierres, mais les ouvriers qui les employent au rétablissement de Thebes. L'un en taille quelque-une avec le ciseau; l'autre en polit une autre; & le troisieme monte sur une Echelle pour placer celle qu'il a achevée. Un autre guindé au haut d'une machine en éleve une par le moyen d'une poulie. Enfin tous ces ouvriers, animez par le doux son de cet instrument, oublient la peine que leur travail leur cause, & ne songent qu'à le conduire à sa perfection. Ce Tableau est placé dans la Chambre de Justice, pour marquer quel est le pouvoir de l'Harmonie, c'est-à-dire du concert & de l'union de ceux qui conspirent pour une même fin. Car de même qu'un instrument de Musique ne peut être agréable s'il n'est parfaitement d'accord, aussi les membres d'un même corps, qui se rassemblent pour travailler au bien commun, ne peuvent réussir, à moins qu'ils ne s'accordent parfaitement; & la moindre mesintelligence entre eux est capable de leur faire perdre tout le fruit de leurs peines. Une Republique ne subsiste que par l'Union & la Paix; les Magistrats établis pour la gouverner, ne peuvent parvenir à ce but qu'autant qu'ils conservent une bonne Harmonie.

PLANCHE XLV.

Cette Planche n'est pas moins instructive que la précedente. Elle représente Mercure qui joue de la Flûte, pour tâcher d'endormir *Argus* & de lui derober sa Vache. Argus étoit fils d'Arestor, & fut choisi par Junon pour garder Io, que Jupiter aimoit, & qui fut métamorphosée en cet Animal. C'est pour cela que les Poëtes feignent qu'Argus avoit cent yeux, dont cinquante étoient toûjours ouverts, pendant que les cinquante autres étoient fermez pour dormir. Remarquez comme Mercure cesse de joüer, pour observer si le son de sa Flûte commence à faire quelque impression sur Argus. Mais quand il en seroit pénétré jusqu'à se laisser assoupir, le Chien qui est couché auprès de lui ne laisseroit pas de faire bonne garde. Ce n'est pas sans raison que ce Tableau est placé sur la porte de la Chambre des Bourguemaîtres. Ils sont les Argus de cette Ville, & ils doivent veiller sans cesse à sa conservation. Par conséquent ils ne peuvent trop jetter les yeux sur ce Tableau, pour aprendre à se défier de tout ce qui pourroit les corrompre & les endormir sur leurs principaux devoirs.

PLANCHE XLVI.

Cette Planche & les six autres qui suivent représentent le Triomphe du Consul Romain *Fabius Maximus*, que son Fils, envoyé vers lui par le Sénat de Rome, fit descendre de Cheval, aiant moins d'égard à ce qu'il lui devoit par les raisons de la parenté, qu'à ce qu'il devoit lui-même à la dignité dont il étoit revêtu. On les voit tous deux à pié dans le Tableau, le Fils engageant son Pere d'entrer dans Rome, & le Pere se recriant à la vûe de l'appareil qui étoit destiné pour son Triomphe. Le Fleuve du Tybre assis d'un côté avec son Urne, aiant sur ses genoux une Corne d'abondance, & la Louve qu'on voit auprès de lui allaitant ses petits, ne permettent pas de douter que les murs qui paroissent derriere ne soient ceux de la superbe Ville de Rome. La porte en est remplie d'une foule de peuple, qui vient au devant du Consul.

PLANCHE XLVII.

Ici l'on voit le commencement de la Marche, telle qu'elle étoit ordonnée pour les anciens Triomphes. Premierement les Trompettes, les Cors & les autres Instrumens qui faisoient retentir l'air d'un son melodieux; ensuite les Aigles Romaines, les Etendarts, & les autres marques triomphales qu'on avoit coûtume de porter dans ces occasions. Entre ceux qui les portent, les uns sont à pié, & les autres à cheval; mais quoi-que ce Tableau soit composé d'un grand nombre des figures, elles sont toutes dans des attitudes si bien variées, qu'elles offrent aux yeux une très-agréable diversité.

PLANCHE XLVIII.

On ne remarque pas moins de variété dans cet autre Tableau, qui est une suite du précédent. On y voit le bœuf & les autres victimes destinées pour le sacrifice, avec les Haches & les autres Instrumens nécessaires pour les immoler. Remarquez les Vases & les Cassolettes que l'on porte ensuite, & sur tout l'action naïve de cet Enfant qui ouvre à demi ce petit Cofre que l'un des Sacrificateurs porte à la main. Il sert à mettre l'encens que l'on doit brûler dans le Capitole. Vous voyez près de lui un autre Sacrificateur qui porte l'encensoir. Toutes ces figures sont belles & très-bien dessinées.

PLANCHE XLIX.

Il eût manqué quelque chose à la grandeur de ce Triomphe, si l'on n'y eût pas fait paroître des Captifs, pour relever la gloire du Vainqueur. Remarquez ce vieillard qui a les mains liées derriere le Dos; & cet autre qui, refusant de marcher, est menacé par l'esclave qui le mène. Voyez comme cet Esclave a le bras levé pour décharger sur sa tête un grand coup du bâton qu'il tient à la main. L'autre vieillard est suivi de ses Filles, qui relèvent encore la pompe de ce triomphe par leur beauté. Elles ne sont point liées; mais leur contenance triste marque assez l'affliction de leur cœur. Vous voyez ensuite les trophées d'Armes que l'on porte élevez sur les piques, & les Vases destinez à la Ceremonie. En voici un qui est rempli de Médailles pour distribuer à l'Assemblée.

PLANCHE L.

Voici le Consul dans son Char de Triomphe. Il est tiré par quatre Chevaux blancs attelez de front. Il tient à la main une Palme, & sa tête est couronnée de Laurier, recompenses ordinaires de la Victoire. Il est précédé de plusieurs autres étendarts, & d'une Femme portant une Corbeille pleine de fleurs. Remarquez auprès d'elle cet Esclave qui veut charger ce vase sur ses Epaules. Il semble qu'il ne puisse se relever avec un tel fardeau. La Ville que vous voyez dépeinte dans cet étendart, c'est la Ville de Rome, Maîtresse de l'Univers; & les Lettres S. P. Q. R. que vous voyez dans cet autre sont les Lettres initiales de ces mots SENATUS POPULUSQUE ROMANUS, qui signifient LE SENAT ET LE PEUPLE ROMAIN; pour marquer que toute l'autorité étoit alors entre les mains du Senat

&

& du Peuple, & que tous les Triomphes se faisoient en leur nom.

PLANCHE LI.

De même que le Char du Triomphateur étoit précédé de divers Instrumens de Musique, il en est aussi suivi dans ce Tableau. Remarquez cette Femme qui joue de la Lyre, & cette autre qui marie le bruit d'un Tambour de Basque au son de ce premier Instrument. Ne vous imaginez pas qu'elles jouent de fantaisie, ni que leur marche interrompe la justesse de ce concert. Vous voyez devant elles une autre Femme qui tient un Papier de Musique & qui bat la mesure en même tems. Vous voyez aussi des Trompettes & des Hautbois qui sonnent par reprise, pour ne pas étoufer l'Harmonie de ces autres Instrumens moins bruyans. Ensuite viennent quelques Guerriers bien montez, & d'autres personnes à pié de la Maison du Consul, qui ont tous une branche de Laurier à la main.

PLANCHE LII.

Enfin cette marche est fermée par la garde du Consul, composée d'une Troupe de Cavaliers, & d'un nombre d'autres Soldats armez de Lances & de Piques. Tous ces Tableaux sont dans la Chambre des Bourguemaîtres, pour leur mettre sans cesse devant les yeux un exemple célebre des récompenses que meritent les Defenseurs de la Patrie. Car bien qu'on ne decerne plus les honneurs du Triomphe à ceux qui ont rendu des services signalez à la République, ils ne laissent pas de l'immortaliser dans l'esprit des peuples par leur sage administration; & le Tribut de l'afection generale que chacun leur rend durant leur vie, joint à l'espérance de rendre leur nom celebre à la Postérité après leur mort, est un prix encore plus digne de leurs vertus, que tous les Triomphes de l'ancienne Rome.

PLANCHE LIII.

Cette Planche représente une frise qui fait un des plus beaux ornemens de la Sale des Bourguemaîtres. Ce sont les nouvelles Armes d'Amsterdam que l'on couronne. Vous voyez dans le milieu l'Ecu de cette Ville, (car il faut supposer que la Frise est double, & qu'il y en a encore autant de l'autre côté:) & deux Genies qui suportent la Couronne Imperiale dont il est surmonté. Du fond de cet Ecu naissent des Palmes & d'autres rameaux chargez de fleurs & de fruits & accompagnez de divers autres ornemens convenables au lieu où ils se trouvent. Vous y voyez un genie tenant entre ses mains les symboles Hieroglyphiques de la Prudence: un autre, tenant l'épée & la balance de la Justice: un autre chargé de toute sorte de fruits &c. pour marquer que les Bourguemaîtres, qui sont chargez du Gouvernement de cette Ville, doivent réunir en eux toutes ces vertus, & que le but de leur sage administration est de faire vivre les peuples dans la prospérité & dans l'abondance.

PLANCHE LIV.

Ces Ornemens des Pilastres de la même Sale des Bourguemaîtres ne sont pas faits simplement pour le plaisir des yeux: tout y est instructif; & ce sont comme autant de Livres ouverts, pour instruire les peuples du pouvoir de ceux qui les gouvernent. Comme l'autorité est inutile sans la force nécessaire pour se faire obéïr, de même la force sans la prudence ne produit que de dangereux effets. Ce sont donc là les deux parties du pouvoir des Bourguemaîtres, renfermez dans ces deux mots que vous voyez au bas de ces ornemens: PRUDENTER, FORTITER, c'est-à-dire, AVEC FORCE, & AVEC PRUDENCE. Chacun de ces deux mots est écrit sur un Rouleau sortant de diverses piéces qui forment comme le Corps de la Devise. D'un côté vous voyez un Gouvernail & des clefs attachées sur une pente de toute sorte de fruits: c'est-à-dire que la Prudence consiste à gouverner si sagement un Etat, qu'on sache dispenser à propos les Loix dont on a les clefs entre les mains. De l'autre côté, est le faisceau & la hache que l'on portoit devant les Senateurs de Rome, avec l'Epée & la Balance de Thémis. Toutes ces choses sont les marques de l'autorité des Magistrats, & du pouvoir qu'ils ont de punir les transgresseurs des Loix.

PLANCHE LV.

Cette Planche représente une Frise qui est à l'entrée de la Chambre des Echevins. Dans le milieu est un œil lumineux & ailé, accompagné de chaque côté de deux cornes remplies de choses bien differentes. De l'une sortent des fers, des chaines, des verges, & une main qui tient un fouët: de l'autre sortent des fruits, des fleurs, & une main qui tient des Palmes & des Guirlandes. Tout cela marque que les Echevins de la Ville d'Amsterdam, qui sont les dépositaires de la Justice, doivent avoir les yeux toûjours ouverts pour veiller à l'Observation des Loix. Mais comme il seroit inutile qu'ils eussent l'autorité de les dispenser, s'ils n'avoient aussi le pouvoir de recompenser & de punir ceux qui les observent ou qui les violent, ces deux cornes sont les marques de cette double autorité. L'une renferme tout ce qui apartient au droit de punir les coupables, & l'autre produit ce qu'il y a de plus capable de récompenser le mérite des bons.

PLANCHE LVI.

Les Planches précedentes renferment des emblêmes propres aux lieux particuliers auxquels elles servent d'ornemens : Celle-ci contient une instruction generale pour tous les hommes ; Aussi est-elle placée dans un lieu ouvert à toute sorte de gens. C'est la Frise qui est au dessus du Portail de la Sale des Bourgeois du côté du grand Escalier. Elle représente tout le Cours de la vie humaine sous l'emblême des quatres saisons. L'Espace de tems que chacun a à passer sur la terre, est figuré par le sablier que l'on voit au milieu. Ensuite les différens âges de la vie sont marquez par les différens Rameaux qui composent la Frise. Le premier, qui n'a que des fleurs, marque le printems de la vie, c'est-à-dire la Jeunesse, qui n'a rien que de brillant & de beau ; mais qui passe aussi vîte qu'une fleur, & sur laquelle on ne doit pas compter beaucoup. Le second, qui est chargé d'Epics, si gros & si pleins qu'ils sont tous penchez vers la terre, représente l'Eté de la vie, c'est-à-dire l'âge viril, dans lequel l'homme a toute la vigueur nécessaire pour travailler à un solide établissement. Le troisieme, qui est tout couvert de raisins & d'autres fruits, marque l'Automne de notre âge, c'est-à-dire, le tems de la vie où les forces commencent à diminuer, où il faut avoir fait provision de tout ce qui est nécessaire pour passer le reste de ses jours heureusement, si l'on ne veut être misérable dans la vieillesse. C'est dans cette arriere-saison de la vie, s'il est permis de parler ainsi, que l'on doit jouïr du fruit de ses travaux, sous peine de n'avoir jamais aucun repos dans la suite. Enfin le quatrieme rameau sec & sans feuilles, & qui paroît coupé, représente fort bien la vieillesse, cet hiver de la vie humaine, durant lequel il n'y a plus ni feuilles ni fruits, ni seve qui puisse en produire de nouveaux, tellement qu'il n'y a plus que la mort à attendre.

PLANCHE LVII.

Cette Planche, qui est sur la porte de la Chambre des Assûrances, est le véritable symbole des Assûreurs. C'est Arion, excellent Joueur de Lyre, natif de Methymne dans l'Ile de Lesbos, & qui étoit si assuré de l'effet prodigieux de l'harmonie de cet instrument, qu'il ne craignoit aucun danger. Voici ce qu'on raconte de son Histoire, s'il est vrai que c'en soit une, & non pas une Fable, comme on doit plûtôt le présumer. Premierement il demeura long-tems à la Cour de Periandre, Roi de Corinthe ; puis il passa en Italie & en Sicile, où il gagna de grandes sommes d'argent. Il retourna ensuite à Corinthe ; & comme il en revenoit, il fut jetté dans la Mer, par les Matelots du Vaisseau qui le portoit, qui en vouloient à ses Richesses. Mais un Daufin, charmé de l'harmonie de sa Lyre & de sa voix, se rencontra là fort à propos pour le recevoir, & le porta sur son dos jusqu'au Cap de Tenare. La Fable ajoûte qu'il étoit si assûré au milieu des Flots, qu'il ne cessa pas un moment de joüer de son Instrument, sans doute, pour engager le Daufin à ne pas le renverser dans la Mer. Mais il y a lieu de s'étonner, que cet Animal, si Amateur de la Symphonie, ait pu se résoudre à se défaire de son Musicien, en le portant à terre, comme il fit. L'aplication de cette Fable à ceux qu'on appelle *Assûreurs* dans le Négoce, n'est pas tout-à-fait sans fondement. Semblables à Arion ces gens-là sont intrepides pour ainsi dire au milieu des Flots, par la hardiesse qu'ils ont de se rendre garants des Marchandises qui arrivent par Mer, & d'oser braver le hazard de la tempête & du naufrage. Comme Arion, ils gagnent aussi la plûpart beaucoup de bien, & s'il vient un coup qui les renverse, comme lui, dans la Mer ; un autre coup, c'est-à-dire quelque autre Vaisseau qui arrive heureusement les dedommage de la perte qu'ils ont faite, comme le Daufin sauva la vie au fabuleux Arion.

PLANCHE LVIII.

Cette autre Fable n'a pas plus de fondement que la premiere, mais elle sert du moins à nous instruire des funestes effets de la mauvaise conduite & de la trop grande présomption. On y voit la Chute d'Icare, conduit au milieu des airs par son Pere Dedale, qui ne put lui sauver la vie, par toute la force de son Art. Voici ce que les Poëtes nous en racontent. Dedale étoit un ouvrier d'Athenes, fort ingenieux, qui inventa plusieurs Instrumens de Mathématiques, & fit même des Statuës mouvantes. Son nom en devint si célebre, que craignant d'être obscurci, par le Genie d'un de ses Neveux, qui avoit aussi beaucoup d'habileté, il le jetta par une fenêtre, & s'enfuit en Candie avec son Fils Icare. Ce fut-là qu'il bâtit cet ingenieux Labyrinthe dont les Poëtes ont tant parlé, & où il fut lui-même renfermé, parce qu'Icare servit Pasiphaé dans ses amours. Toutefois Dedale se sauva par Mer si subtilement avec son Fils, qu'on crut qu'il s'étoit envolé, & qu'il s'étoit apliqué des aîles. La Fable ajoûte qu'Icare n'ayant pas bien suivi ses ordres, & s'étant trop élevé, la chaleur du Soleil fondit la cire de ses aîles, en sorte qu'il tomba dans la Mer. Tel est le sujet de ce Tableau, où l'on voit ce présomptueux mortel précipité du milieu des airs, pour le punir de son extravagante témerité. Cette peinture est placée sur la porte de la Chambre de Desolation, & représente fort bien le misérable état de certai-
nes

nes gens, que leur mauvaise conduite a fait tomber dans la misere. Il faut savoir que cette Chambre est celle où l'on fait *cession de biens*, par devant les Magistrats, lorsqu'on se trouve hors d'état de pouvoir satisfaire ses Créanciers. On l'appèle la Chambre de *Desolation*, parce qu'on suppose que ceux qui font cette Cession, y ont été réellement contraints, par des pertes considérables, qui ont jetté leurs affaires dans une entiere Desolation. Mais comme il n'y en a que trop, qui se trouvent reduits à cet état malheureux, pour avoir voulu voler trop haut, il ne faut pas s'étonner, si on leur applique la Fable d'Icare, précipité d'autant plus bas, qu'il avoit trop voulu s'élever.

PLANCHE LIX.

Comme les Secretaires d'Etat sont les Dépositaires des affaires les plus importantes, la fidélité est de toutes les qualitez celle qui leur est la plus nécessaire. C'est pour les en faire ressouvenir, que l'on a placé au-dessus de la porte de la Secretairerie le Tableau représenté dans la Planche que voici. On y voit un Chien, Symbole de la fidelité, qui garde soigneusement le Corps de son Maître, tout mort qu'il est, on voit à côté un Autel embrasé, & un bras armé d'une Epée, qui sort d'une nuée, pour marquer le châtiment que méritent les traîtres, qui seroient capables de violer le Secret de l'Etat.

PLANCHE LX.

La fidelité, dont nous venons de parler, ne peut se conserver que par le secret & le silence. C'est ce qui est marqué par ce Tableau qui est placé dans la même Chambre que le précédent. On y voit une figure assise, ayant le doigt sur la bouche, pour montrer à tous les Secretaires, qu'ils ne doivent jamais parler des secrets importans qui leur sont confiez. Il est vrai que cette figure est une Femme, & que le secret paroît mal représenté par ce Sexe causeur; mais son action, de tenir le doigt sur sa bouche, marque que si les Femmes sont accusées en général de trop parler, il y en a du moins parmi elles qui savent se taire, ce qui n'est pas une qualité commune même dans le Sexe qui passe pour le plus discret. Le Daufin sur lequel elle est assise est le Symbole du silence, comme étant le Roi du Peuple muet. L'oiseau que vous voyez qui s'envole dans les airs, marque que la parole une fois lâchée ne revient plus, & que l'on ne sauroit trop veiller sur sa Langue, qui est, comme disent les Livres Saints, une source empoisonnée de toute sorte de maux.

PLANCHE LXI.

Cette Frise, qui est dans la Chambre du Conseil, exprime d'une maniere très-ingenieuse l'importance des bons Conseils, & les qualitez qu'il faut avoir pour être capable d'en donner & d'en prendre. Elle est partagée en trois piéces qui n'en font qu'une, & qui forment une suite de belles instructions. I. Les trois têtes marquées (a) sont celles du Lion, du Loup, & du Chien. Celle du Lion marque le présent, celle du Loup le passé, & celle du Chien l'avenir: ce qui signifie, que dans les bons Conseils, il faut avoir égard aux circonstances présentes dans lesquelles on se trouve, pour ne rien résoudre qui ne soit à propos & qui ne convienne précisément au fait dont il s'agit. Il faut beaucoup de force d'esprit & de résolution pour prendre son parti avec courage; & c'est ce que marque fort bien le Lion, le plus courageux de tous les Animaux. Il faut rappeller soigneusement le passé, pour s'instruire, par le souvenir des fautes qu'on a pu faire, & s'appliquer à y remedier à l'avenir; car ce qui est fait une fois, est absolument sans remede; & il est aussi difficile de rectifier un mauvais Conseil lorsqu'il a été executé, que d'arracher de la Gueule d'un Loup ravissant la proye qu'il a une fois emportée. Mais on peut du moins en prévenir les suites pour l'avenir; & c'est ce que marque le Chien, sur lequel on peut compter, quand on a pris soin de le dresser à exécuter les ordres qu'on lui donne. Ces trois Têtes sont suivies d'un Sphinx, qui est le Symbole de la prudence, de la force & du secret: Trois qualitez absolument nécessaires pour former de sages Conseils & les exécuter avec succès. Le Rameau marqué (b) & qui représente une belle fleur, naissante de la queuë du Sphinx, montre quel est l'effet des délibérations prises de la maniere que nous venons de raporter. Il ne faut point qu'il y entre de passion ni d'animosité; parce que les Conseils qui viennent d'une telle source ne sont propres qu'à détruire au lieu d'avancer le succès des affaires. Mais il faut reprimer avec soin tous les mouvemens de l'intérêt particulier, & enchainer, pour ainsi dire, l'amour propre, quand il s'agit de conspirer au bien commun: c'est ce que signifie le Genie marqué (c) qui tient un cœur enchainé?

II. Le Hibou, Oiseau Nocturne, marqué (d) & le Livre fermé sur lequel il est posé, signifient que la nuit porte Conseil, & que ce tems est le plus propre pour former de mûres délibérations. Alors on n'est dissipé par aucun objet, & l'on peut reflechir à loisir sur toutes les propositions qui ont été faites durant le jour. On agit toûjours prudemment quand on s'y est préparé de la sorte; & c'est ce qui est figuré par ce Serpent. Les Actions en-

entreprises avec toutes ces précautions produisent infailliblement des fruits de Justice & de Paix, représentez par ce rameau d'Olive. Toutefois pour y parvenir, on ne sauroit trop se donner de garde des esprits turbulens & emportez, qui gâtent souvent les plus sages délibérations, par la violence avec laquelle ils opinent: Dès qu'on ne suit pas leurs avis, ils s'enflamment & voudroient ramener tous les autres à leur sens ; ce sont des ours furieux; mais qu'il faut domter, comme celui de cette figure marqué (e). Ces sortes d'esprits sont très-dangereux dans les Conseils, & l'on ne peut trop éviter de les y admettre. Cependant comme ils ont souvent du bon, il ne s'agit que de domter leur trop grande vivacité ; & c'est ce qui est marqué par ces deux Genies qui domtent la ferocité de l'ours que l'on voit ici.

III. Enfin comme on ne sauroit trop réfléchir avant que de prendre une résolution, il ne faut pas non plus aller trop vîte dans l'exécution. La prudence veut qu'on aille bride en main dans les Conseils, pour éviter de faire de fausses démarches ; & c'est ce qui est figuré par ce genie marqué (f) qui tient la bride à ce Cheval marin, pour arrêter son impetuosité & sa violence. S'il y a quelque Conseil, où l'on mette en pratique toutes ces sages Leçons, c'est sans doute dans celui d'Amsterdam composé de personnes graves & prudentes, qui ne se hâtent jamais dans leurs Délibérations ; mais qui, prenant tout le tems & toutes les précautions nécessaires pour agir sûrement, évitent avec soin le repentir que la précipitation ne manque jamais de produire.

PLANCHE LXII.

Le bon Conseil vient de l'Union & de la Paix : c'est ce qui est représenté dans cette autre Frise, placée dans la même Chambre du Conseil d'Amsterdam. On y voit premierement un Genie marqué (a) tenant d'une main un faisceau de flêches, Symbole de l'Union, & de l'autre le Caducée de Mercure. Près de lui sont des Colombes, autre Symbole de la même vertu ; & de son sein sortent deux Cornes d'abondance, pour marquer que l'Union & la Paix produisent tous les autres biens. Les Genies marquez (b) expriment la même chose d'une autre maniere. C'est un concert de voix & d'instrumens, où tout doit être parfaitement d'accord, si l'on veut qu'il produise une agréable Harmonie. Remarquez l'Union de ces Genies, qui s'écoutent avec soin, pour ne former qu'un tout du mélange de leurs differentes parties. Remarquez particulierement celui qui bat la mesure, comme il règle tous les mouvemens des autres, qui marient leurs voix & leurs Flûtes au son harmonieux de cette Lyre. Les effets de cette correspondance mutuelle qui doit regner dans les Conseils, sont très-bien marquez dans le second morceau de la Frise, où vous voyez ces quatre Genies, qui composent & soutiennent cette Guirlande : En voilà un autre qui se hâte de leur aporter encore dequoi l'embellir, ce qui marque que tous les membres d'un même Conseil, doivent concourir au même but. Mais comme il peut s'y trouver des hommes corrompus, abrutis par la débauche, & qui, chargez de vin & de bonne chere, sont incapables de penser à autre chose qu'à satisfaire leur avidité insatiable, c'est pour cela qu'on doit les en bannir avec soin. Ainsi voyez-vous ces Genies, représentez dans la troisieme partie de la Frise, qui chassent de leur Compagnie, les Animaux feroces qui auroient pu la troubler. Remarquez ce Loup poursuivi à coups de dard ; il représente la rapacité de ceux qui ne pensent qu'à devorer la Veuve & l'Orphelin. Le Coq est le Symbole de la Lubricité, passion devenue aujourd'hui trop commune, & à laquelle on immole les plus justes devoirs. Remarquez sur tout ce Lion embarassé dans des branches de vigne. Il marque que les plus forts Genies, qui ont le malheur de s'adonner au vin, perdent bientôt toutes les lumieres de leur raison, & tout le fruit de leurs plus belles connoissances. Ce petit Pêcheur marqué (c) qui prend un poisson à la ligne, signifie que la bonne chere & la délicatesse de la table corrompt souvent les meilleurs esprits.

PLANCHE LXIII.

Cette Frise, qui sert d'ornement aux autres Chambres de la Maison de Ville, est un très-beau Rinceau, composé de divers Ramages qui naissent tous l'un de l'autre. Elle paroît simple & sans aucune signification; mais elle renferme pourtant une très-belle moralité. Remarquez ce Serpent entortillé, qui se glisse entre ces rameaux : c'est pour nous aprendre que dans les Compagnies les mieux assorties, il ne laisse pas de s'y insinuer souvent des esprits doubles, des langues envenimées, dont on ne peut assez se défier.

PLANCHE LXIV.

Cette Statuë, l'une des huit qui ornent les Galeries de la Grand' Sale, est celle d'Apollon, placée entre la Trésorerie extraordinaire, & la Chambre des Commissaires des petites affaires. Remarquez l'attitude de ce Dieu: il paroît animé: voyez comme il penche un peu la tête pour faciliter l'Action de ce bras levé, qui semble tirer une flêche de son Carquois. Il tient son Arc de la main gauche; mais n'y aiant point de corde, on ne doit pas craindre qu'il en décoche aucun trait. C'est qu'il a vaincu le Serpent Python
que

que vous voyez abatu à ses piés. La Lyre qu'il a derriere lui, & la Couronne de Laurier qu'il porte sur la tête, marque qu'il est le Dieu des Poëtes, & de la Musique.

PLANCHE LXV.

Cette Figure est le bas relief du Piédestal de la Statuë d'Apollon. Vous y voyez toute sorte d'Instrumens de Musique, une Lyre, un Violon, des Hautbois, des Flûtes, des Bassons, un Luth, une Guitarre, une Harpe, des Cornemuses, des Violes, des Chalumeaux. Mais comme le Dieu, à qui tous ces Instrumens sont consacrez, n'est pas seulement le Dieu de la Musique, mais qu'il est encore le protecteur des Sciences & des beaux Arts, vous en voyez aussi les emblêmes entre les ornemens de ce Piédestal. Voilà un Globe céleste & une Sphere, pour marquer que l'Astronomie & l'Astrologie sont des Sciences auxquelles on ne peut s'élever sans y être guidé par le secours d'Apollon. Voilà aussi un Carton où vous voyez le dessein d'une jambe, ce qui signifie que la Peinture est aussi un Art consacré à ce Dieu.

PLANCHE LXVI.

Ceci est l'ornement qui est sur la Chambre des Trésoriers Extraordinaires. C'est un Ceintre composé de deux Cornes d'abondance soûtenuës par deux Genies. A leurs piés sont deux Cocqs, dont l'un paroît chanter pour marquer la vigilance que les Magistrats de cette Chambre doivent avoir dans l'exercice de leur charge.

PLANCHE LXVII.

Celui-ci est placé au dessus de la Chambre des Commissaires aux petites affaires; il est tout semblable à l'autre, excepté que l'un des Cocqs n'y chante pas; mais ils ne laissent pas de marquer la vigilance que l'on doit aporter dans quelques affaires que ce soit.

PLANCHE LXVIII.

Ces Festons que vous voyez dans la Planche LXVIII. peuvent vous donner une idée de tous ceux que l'on voit dans la Grand'Sale & ailleurs, où rien n'est comparable à la délicatesse du Ciseau qui a pu tailler dans le Marbre des fleurs si délicatement faites, & qui, de passageres qu'elles sont ordinairement, deviennent immortelles par ce moyen.

PLANCHE LXIX.

Voici la Statuë de Jupiter dont nous avons déja parlé. Remarquez le Corps nerveux de ce Dieu, où l'on peut distinguer jusqu'aux Muscles à travers la dureté de la matiere. Il est armé de la foudre, pour marquer que c'est lui qui lance le tonnerre & qui est le Maître de tous les autres Dieux. Vous voyez son aigle, apuyé sur un Globe du Monde, parce que Jupiter est le Dieu qui du haut du Ciel gouverne toute la machine de l'Univers. C'est ainsi que les Poëtes, sous des images corporelles, nous tracent l'idée d'un Dieu tout-puissant qu'ils ne connoissoient que par ses effets. Cette Statuë est placée entre la Secretairerie & la Trésorerie extraordinaire.

PLANCHE LXX.

Cette Planche représente des ornemens répandus en divers endroits de cette Belle Sale. On y voit des feuillages, des raisins & d'autres fruits exprimez avec une délicatesse merveilleuse. Admirez la legereté de ces rubans qui les lient les uns avec les autres: se peut-il rien voir de mieux travaillé?

PLANCHE LXXI.

Toutes les Statuës de ces Galeries sont si belles & si bien finies, qu'on ne sait à laquelle on doit donner la préference. Celle de Mercure représentée ici, est certainement une des plus hardies. Son attitude est admirable, ce Dieu y paroît apuyé contre sa niche, comme pour se reposer de ses travaux. Voici ce que les Poëtes nous en racontent. Il étoit Fils de Jupiter & de Maïa, & naquit en Arcadie sur le Mont Cillene. Il étoit le messager des autres Dieux: c'est pourquoi il porte des aîles à son Chapeau & à ses talons, & tient un caducée aîlé à la main. Il menoit les ames des morts aux Enfers, & avoit le pouvoir de les en retirer. Il étoit aussi consideré comme Inventeur de plusieurs Arts, comme Maître de l'Eloquence & du Commerce, & très-experimenté à voler. C'est pour cela que vous lui voyez une bourse à la main, pour marquer son adresse à couper la bourse. Il n'a que trop de Disciples en cette Ville, à qui il semble avoir enseigné cet Art pernicieux. Que l'on vante tant qu'on voudra la subtilité des filoux de Paris: celle des filoux d'Amsterdam ne leur cède gueres; & je doute qu'on en puisse trouver ailleurs de plus habiles que ceux-ci. Remarquez la mine rusée & fine de ce Maître des filoux; il semble qu'il observe de loin quelcun à qui il veuille aller escamoter ce qu'il a dans ses poches.

PLANCHE LXXII.

Ici se voyent les ornemens qui sont à côté & sur le Piédestal de la Statuë de Mercure. Le N°. 1. représente des fleurs & des fruits en Festons pendans, symboles de l'Abondance dont le Dieu du Commerce favorise la

Hollande ; & le N°. 2. fait voir deux Guirlandes, où font mêlez les Emblêmes de ce Dieu. Vous y voyez fon Chapeau aîlé, fon Caducée, fa Bourfe ; & comme il est grand porteur de Lettres, vous y voyez auffi divers Pacquets de plumes à écrire, pour l'ufage des Négocians.

PLANCHE LXXIII.

Voici une Statuë dont nous n'avons pas encore parlé, & qui est du nombre de celles qui fe voyent dans les Galleries. C'eft celle de Diane, placée entre la Tréforerie & la Chambre des Bourguemaîtres. Voyez combien elle eft dégagée, avec cette Cotte de Chaffe qui ne lui vient qu'au deffus des genoux. Elle porte une demie Lune fur fa tête & fes cheveux femblent voltiger au gré des vents. Elle tient de la main droite un flambeau allumé, & de la gauche fon arc apuyé fur fon épaule. Les Hieroglyphes qui l'accompagnent font des Monftres Marins, une Biche, des Ecrevices & des Inftrumens de Chaffe. Voyons maintenant ce que les Poëtes nous difent de cette Déeffe. Elle étoit Fille de Jupiter & de Latone, & Sœur d'Apollon, qui l'aima fort. Elle a ordinairement trois noms : elle s'appelle Hecaté aux Enfers, Diane fur la Terre, & au Ciel la Lune ; c'eft pourquoi elle porte une demie Lune fur fa tête. Elle fut un jour furprife dans le bain par Actéon qui chaffoit : de dépit elle lui jetta de l'eau au vifage & le metamorphofa en Cerf, tellement qu'il fut auffi-tôt déchiré par fes propres chiens. Autre lieu commun de Moralité, fur le danger qu'il y a de regarder de trop près une belle Femme ; quoi-que par un ufage bizarre & injufte, ce ne font plus ceux qui les regardent de trop près qui font métamorphofez en Cerfs aujourd'hui, mais les pauvres Maris à qui elles apartiennent, qui le plus fouvent l'ignorent & n'en peuvent mais.

PLANCHE LXXIV.

Cet ornement eft celui qui fe voit fur la porte de la Tréforerie. C'eft une grande fource d'abondance qu'un grand Tréfor, c'eft pourquoi ce Ceintre eft environné de deux Cornes qui répandent toute forte de fruits. Vous y voyez auffi deux gros poiffons, pour marquer que le commerce dans toutes les Mers, eft ce qui fait fleurir la Ville d'Amfterdam.

PLANCHE LXXV.

Autre Ceintre qui eft fur la porte du Cabinet des Bourguemaîtres, & qui n'a presque rien de different du précédent.

PLANCHE LXXVI.

Voici les ornemens du Piédeftal de la Statuë de Diane, que le Graveur devoit mettre immédiatement après la figure de cette Déeffe. On y voit toute fortes d'Inftrumens de Chaffe, des Cors, des Flêches, des Epieux, des Gibbecieres, & tout ce qui peut convenir aux Exercices de la Déeffe figurée par ces divers attributs. Les Guirlandes qu'on voit au deffous font compofées de diverfes fortes de Coquillages.

PLANCHE LXXVII.

Voici la Statuë de Saturne, dont nous avons déja dit un mot ; mais comme nous n'avons pas expliqué fes attributs, il eft bon de raporter ici ce que nous en aprennent les Poëtes. Ce Dieu, que les Payens confidéroient comme le Pere des autres Dieux, étoit Fils du Ciel & Frere de Titan. Celui-ci, qui étoit l'Aîné, céda fon droit à Saturne, à condition qu'il n'éleveroit jamais aucun Enfant mâle, & que l'Empire du Monde retourneroit aux fiens. Saturne y confentit, & fachant d'ailleurs qu'un de fes Fils le devoit détrôner, il avoit coûtume de les devorer, dès que fa Femme en étoit délivrée. Voilà pourquoi la Statuë que vous voyez tient un Enfant, qu'il femble qu'elle aille mettre en piéces avec les dents. Jupiter fon Fils fut fauvé par les foins de fa Mere, qui le fit élever en fecret ; & lors qu'il fut devenu grand, il chaffa fon Pere du Royaume. Saturne fe refugia en Italie, où l'on dit qu'il aporta l'âge d'or, parce qu'il adoucit les mœurs des habitans, qu'il leur donna des Loix, & qu'il leur aprit l'art de cultiver la terre. C'eft pourquoi vous voyez aux piés de la Statuë une Charruë, avec une Gerbe de blé, & une faucille dans la main gauche de Saturne. On dit auffi qu'il trouva l'invention de marquer le cuivre, & de donner une forme à la Monnoye, où d'un côté il fit graver fa tête, & de l'autre le Navire qui l'avoit amené en Italie. Ceux qui penetrent plus avant dans le fens des Fables, difent que Saturne étoit le même qu'Adam : qu'il fut nommé Saturne, d'un mot Latin qui fignifie *Semer*, parce qu'il fut le premier Pere des hommes, le premier Jardinier & le premier Laboureur. Qu'il étoit apelé Fils du Ciel, parce qu'il avoit été formé de la main de Dieu, & que l'âge d'or fut véritablement de fon tems fur la terre, avant que le péché eut commencé à l'inonder. C'eft ainfi qu'on peut tirer les plus belles moralitez des fictions les plus creufes des Poëtes.

PLANCHE LXXVIII.

Les Feftons repréfentez dans cette Planche

che fervent d'accompagnement à la Statuë de Saturne. Comme il eſt le Nouricier des mortels, on voit ici divers Inſtrumens ſervant à cultiver la terre, & à recueillir les grains au tems de la Moiſſon. Mais comme ce Dieu repréſente auſſi le Tems, figuré par le ſablier que nous avons vu au pié de ſa Statuë, on voit encore ici divers emblêmes de ſa puiſſance à ce dernier égard. Ces Maſques jeunes & vieux, qui pendent à ces Feſtons, marquent que le tems moiſſonne les hommes à tout âge. C'eſt ce qui eſt auſſi figuré par les Hieroglyphes que vous voyez au Feſton du milieu. Cette Quenouille & ce fuſeau marquent la Trame de la vie des mortels, que les Parques filent autant de tems qu'il plaît à Saturne; & les ciſeaux que vous voyez auprès, ſont l'emblême de la Mort, qui vient couper le fil de nos jours au moment qu'on s'y attend le moins.

PLANCHE LXXIX.

Ces Feſtons de fruits apartiennent au même ſujet, & marquent les preſens que le Tems fait aux hommes dans les differentes ſaiſons. Mais ces Serpens entortillez qui ſe gliſſent ſous ces feuillages, marquent qu'il n'y a point d'état ſi heureux ici bas, qui ne ſoit accompagné de quelque amertume, & que le tems de cette vie eſt toûjours mêlé de bien & de mal.

PLANCHE LXXX.

Voici encore d'autres fruits diſpoſez d'une autre façon. Le Ciſeau du Sculpteur s'eſt joué ſur le Marbre en mille manieres; & dans cette multitude d'ouvrages differens, on ne trouve rien de négligé & qui ne ſoit bien fini.

PLANCHE LXXXI.

Il n'y a perſonne qui ne reconnoiſſe ici la Mere des Amours, cette Déeſſe Fille de Jupiter & de Diane, ou qui nâquit, ſelon d'autres, de l'Ecume de la Mer. Elle mérita par ſes charmes la Pomme d'or qu'elle tient à la main; auſſi n'y a-t-il guere de cœurs aſſez inſenſibles, pour réſiſter à ſes attraits. Voyez ces petits Amours qui folâtrent autour d'elle: ils ne paroiſſent point dangereux; ce ſont des Enfans, mais des Enfans d'autant plus redoutables, qu'ils cachent leur malice ſous l'aparence des ris & des jeux. Malheur à quiconque eſt bleſſé de leurs coups, ils font des bleſſures profondes dans les ames, & l'on court riſque de n'en guerir jamais. Qui pourroit prétendre en échaper, lorſque Cupidon a bleſſé ſa propre Mere? Car Venus aima paſſionnément Adonis, & Anchiſe, Pere d'Enée, eut auſſi part à ſes faveurs. Preuve que les plus grandes beautez ne ſont pas elles-mêmes à l'épreuve de la tendreſſe, & que pour inſpirer des paſſions violentes, il ne s'enſuit pas qu'elles ne puiſſent auſſi en reſſentir.

PLANCHE LXXXII.

Les Feſtons que vous voyez ſervent d'accompagnement à la Statuë de Venus, & contiennent proprement tout l'attirail de ſa toilette. Voici entre autres choſes deux peignes travaillez avec la derniere délicateſſe. Remarquez ces Coliers, ces treſſes de cheveux, ces miroirs, ces broſſes: tout cela même eſt dangereux. Le Carquois & l'Arc que vous voyez mêlé avec ces petits meubles, marquent que tout ce qui apartient à la beauté, participe auſſi à ſon pouvoir. Combien de gens ſont devenus amoureux, pour avoir vû ſimplement peigner les cheveux d'une belle Dame? Ces Cheveux ont été pour eux des filets & des chaines, qui ont captivé leur liberté pour jamais. En un mot il ſemble qu'il y ait quelque choſe de contagieux dans tout ce qui touche les belles, & que leurs charmes ſe communiquent à tout ce qui a paſſé par leurs mains.

PLANCHE LXXXIII.

Par tout vous ne voyez que des Symboles de l'Amour: ces Feſtons ne ſignifient autre choſe par les Hieroglyphes qu'ils vous préſentent. L'un vous offre deux pigeons qui ſe careſſent amoureuſement: l'autre la ceinture de Venus, ſi puiſſante par ſes charmes. Le troiſiéme & le quatriéme marquent les effets prodigieux de la Beauté, pour laquelle Jupiter s'eſt métamorphoſé en Taureau, & qui ſoûmet juſqu'aux plus vaillans guerriers, comme le marque ce dernier Trophée pendu ici à l'honneur de Venus.

PLANCHE LXXXIV.

On peut aiſément juger par le regard terrible de cette Figure qu'elle repréſente le Dieu Mars: Il eſt placé entre la Chambre des Echevins Extraordinaires & la Chambre des Comptes. Remarquez le Caſque qu'il a ſur la tête orné d'un Dragon volant, auſſi bien que toute ſon Armure. Rien n'eſt mieux proportionné que l'Equipage de ce Dieu dont l'attitude eſt des plus naturelles du Monde. Vous reconnoiſſez ſans peine à l'Epée & à la hache dont il eſt armé que ce ſont ſes dépouilles qui ornent le dernier Trophée que je vous ai fait remarquer dans la Planche précedente: c'eſt que ce Dieu lui-même s'eſt laiſſé vaincre aux attraits de Venus: Il fut ſurpris avec elle par Vulcain, & leurs amours ont été chantées par les Poëtes. Les Anciens immoloient à ce Dieu le Cheval, le Loup, & le Chien;

Chien; c'est pourquoi le Sculpteur a placé ici un Loup. Vous y voyez aussi un Corbeau, Oiseau Carnacier, qui ne se nourrit que de chair morte, pour marquer le Carnage que le Dieu Mars fait des humains dans les combats.

PLANCHE LXXXV.

Les Trophées représentez sur ce Piédestal font bien connoître aussi qu'ils servent d'accompagnement à la Statuë du Dieu de la Guerre. Ces Casques, ces Cuirasses, ces Haches, ces Epées, ces Boucliers, ces Trompettes, ces Carquois, ces Arcs, ces Harnois de Chevaux en sont des Hieroglyphes si clairs & si certains, qu'on ne peut pas craindre de s'y tromper. Ce Bouclier que vous voyez dans le milieu, orné de la foudre, marque qu'il n'est point fait pour un Guerrier ordinaire, & qu'il n'y a qu'un Dieu qui puisse le porter. La même chose est signifiée par les Palmes que vous voyez plus haut, parce que le Dieu Mars est toûjours suivi de la Victoire.

PLANCHES LXXXVI. & LXXXVII.

Voici deux Ceintres, qui apartiennent encore au même sujet. Vous y voyez les suites terribles de la Guerre représentées par ces ossemens de morts, par ces Bêtes Carnacieres, & par ces Genies qui pleurent. Tout cela marque combien les Guerres sont pernicieuses aux Etats, par les pertes cruelles qu'elles leur causent. La ruïne des Villes, la desolation des Campagnes, le Carnage des hommes, sont les tristes & ordinaires effets de la fureur des Soldats.

PLANCHE LXXXVIII.

Nous avons déja parlé de cette Figure: c'est la Statuë de Cybele, qui représente la Terre. Elle est couronnée de Tours & de Châteaux, pour marquer que la terre en est couverte. Nous avons expliqué ci-devant ce que signifie la Clef qu'on lui met à la main. La Broderie qui est au bas de sa Robe, marque que la terre est émaillée de fleurs. Son Char est tiré par quatre Lions, quoi-que le Sculpteur n'en ait fait voir que deux; & ces quatre animaux marquent les quatre saisons de l'année durant lesquelles la Terre est si differente. D'autres les prennent pour les quatre Qualitez de la terre, pour les quatre Elemens, ou pour les quatre Vents principaux. Et si les Anciens avoient connu l'Amerique, nous les pourrions aussi prendre pour les quatre parties du Monde, où la terre a par tout une fecondité si dissemblable. Enfin Cybele a été cruë Femme de Saturne, qui signifie le Tems, pour marquer que la Terre ne produit qu'avec le tems.

PLANCHE LXXXIX.

Le Piédestal de cette Statuë est chargé d'ornemens qui répondent fort bien au sujet. Rien ne marque mieux la fecondité de la terre que ces deux Cornes d'abondance, d'où vous voyez sortir de si beaux fruits. Au dessus est la Couronne de tours que nous avons vû sur la tête de la Déesse, afin qu'on ne puisse pas douter, que c'est encore à elle qu'apartiennent ces accompagnemens. Ces Instrumens à remuer la terre, ces râteaux, ces feuilles & autres outils propres à la moisson, marquent que c'est à Cybele que les hommes sont redevables du présent que la Terre leur fait tous les ans, premierement de fleurs, ensuite de gerbes, de raisins & de tous les autres fruits.

PLANCHE XC.

Voici encore de ces fruits disposez en Festons. Remarquez qu'ils sont tout différens de ceux que vous avez vûs sur le Piédestal; & qu'il faut que l'imagination de l'ouvrier ait été bien féconde, pour produire une si grande & si agréable diversité.

PLANCHES XCI. & XCII.

Ces deux Ceintres, qui sont l'un sur le Vestibule de la Chambre des Orphelins, & l'autre sur celle du Conseil, représentent tous deux la même chose. On y voit des Genies qui ornent de Festons cette ouverture suportée par des Lions.

PLANCHES XCIII. XCIV. XCV. & XCVI.

Ces quatre Planches représentent les quatre Pilastres qui accompagnent les Arcades de la Grand' Sale. Ils sont chacun de 30. piés de haut. Remarquez la délicatesse du Cizeau dans la legereté de ces feuilles & de ces fleurs qui imitent si bien le naturel, qu'il n'y manque que la couleur pour faire croire qu'elles ont de la vie. Tout cela paroît sortir du Marbre, & le relief de cet ouvrage est admirable. Voyez au haut du premier Pilastre ce Perroquet qui se soûtient de ses aîles pour aller piquer ce fruit. Dans le second est un singe qui mange une Pomme: vous diriez qu'il n'en veut faire qu'un seul morceau. Voyez dans le troisième avec quelle avidité ce Renard se jette sur ces Nefles; il paroît suspendu en l'air. Cette Belette, que vous voyez dans le quatriéme, est dans une posture plus commode: elle est assise sur des Pommes de Pin, pour manger à loisir cet autre fruit qu'elle a choisi, s'il n'étoit pas trop dur pour ses dents.

PLAN-

PLANCHES XCVII. & XCVIII.

Ces deux Ceintres que vous voyez ici sont placez l'un sur la Chambre des Bourguemaîtres, & l'autre sur celle de la Justice. Ils representent bien les Emblêmes du pouvoir de ces Magistrats. Le faisceau & la hache sont les marques de leur autorité : les flêches liées ensemble signifient leur union : l'aigle est le Symbole de leur élévation, & le Caducée, celui de leur prudence.

PLANCHES XCIX. & C.

Pour faire le tour des Galeries de la Grand' Sale, il faut passer sous quatre Arcades, dont les ceintres sont representez, ici & dans les trois Figures suivantes : on voit au dessus les quatre saisons.

La I. Statuë que l'on voit dans cette Planche est l'EAU, sous la Figure d'une Femme nuë, couronnée de Coquillages, de Perles, de Corail, & d'autres productions de la Mer : elle tient au dessus de sa tête une espece de Vaisseau ancien : à l'un des côtez de la Figure paroissent des joncs marins d'où sort un Daufin qui se montre sur le bord de la Corniche : de l'autre côté sont des rames & un Gouvernail ; & à ses piés des Ecrevisses & autres poissons.

La II. Figure est la TERRE, representée par une Femme, aiant sur ses genoux un Enfant qu'elle allaite. Elle est couronnée de Tours & de Châteaux, qui marquent les bâtimens elevez sur la surface de la Terre. Derrière elle on voit un Chameau mené par un singe : au dessus, diverses sortes de Fruits ; à sa gauche un Lion, à sa droite un Cheval ; & à ses piés un Mouton, des Serpens & autres Insectes rampans sur la Terre.

La III. Figure, qui est la premiere de la Planche C. est un jeune homme, representant le FEU, qui est à demi nu, excepté un Voile de soye qui voltige legerement autour de lui. De sa tête sortent des flammes. Il tient d'une main la foudre, & de l'autre une torche allumée. A ses piés on voit une Salamandre, Animal qui vit dans le Feu.

La IV. Figure est l'AIR, representé par une Femme ailée, aiant sur sa tête une Couronne d'Etoiles : d'autres Etoiles paroissent autour d'elle, & elle soûtient des nuages avec ses deux mains. Un Aigle paroit entre ses Jambes, & plus bas un Corbeau.

PLANCHE CI.

Les quatre Bas-reliefs contenus dans cette Planche sont aussi les quatre Elemens.

Le premier represente l'AIR, figuré par deux Genies, qui soufflent par le moyen d'un Chalumeau de petites boules qui se forment en nuages. Au dessous est un Aigle, qui est le Roi des Habitans de l'Air, & un peu plus bas les quatre Vents. Enfin on voit diverses sortes d'oiseaux, qui semblent détachez du Marbre, & soûtenus seulement par leurs aîles.

Le second Bas-relief represente l'EAU sous la Figure de deux Genies dont le corps se termine en poissons, & qui soufflent de l'Eau de leur bouche, par le moyen de deux conques de Mer : ils sont assis sur une Coquille, sous laquelle on voit deux bottes de Roseaux & de joncs marins. Plus bas est une Figure de Neptune, tenant de chaque main un Trident, il est accompagné assis sur un Monstre Aquatique, de toute sorte de Coquillages & de Poissons.

Le troisième est le FEU, representé par deux Genies sortant des flammes, & assis près d'une Enclume, qui paroit suspenduë à la muraille par une grosse chaine de fer. Cette Enclume sert à forger la foudre que l'on voit un peu plus bas. Au dessus sont deux Canons passez en sautoir, & d'autres armes à feu, desquelles pend un encensoir, qui termine cet ornement.

Le quatrième enfin represente la TERRE par le moyen de deux Genies aux piés de chevre. Plus bas se voyent des Serpens & des Lions, habitans des forêts, & au dessous des Festons de fleurs & de fruits, terminez, par une Gerbe d'Epics de froment.

PLANCHE CII.

Cette Planche & la suivante representent les deux autres Arcades du fond, où se voient aussi les quatre Elemens, mais autrement figurez que dans les precedentes.

Le I. est l'EAU, sous la Figure d'une Femme nuë, couronnée de Saules & de Joncs, & dont le reste du corps se termine en Monstre Marin. Elle tient d'une main un nuage qui se resout en pluye, & a sur elle une urne qui verse de l'eau. A ses piés on voit toute sorte de Coquillages & autres productions de Mer, & derrière elle des roseaux du milieu desquels elle paroît sortir.

Le II. est l'AIR, representé par une Femme aiant les cheveux flottans, qui tient sur son bras gauche un Paon, & de l'autre un Cameleon, animal qui vit de l'air. Dans l'éloignement on voit voltiger divers oiseaux, habitans de cette Region qui est entre le Ciel & la Terre.

PLANCHE CIII.

Le III. Element representé ici, est le FEU, sous la Figure d'une Femme Negre, sortie de ces Climats brûlans où le Soleil darde de près ses rayons sur la terre. C'est ce que marque la presence de cet Astre que vous voyez à côté droit. Cette Figure soûtient des deux mains un Vaſe d'une façon toute particuliere, où l'on voit un Phénix qui ſe brûle. Sous ſes piés eſt l'un des quatre Vents, qui ſoufle du côté de la Figure, pour marquer que le feu ne peut ſubſiſter ſans l'air.

Le IV. enfin eſt la TERRE repréſentée par une Déeſſe couronnée de fleurs, qui tient ſa main droite apuyée ſur un Globe terreſtre. Derriere elle on voit des ſeps de vigne, à ſon côté une Corne d'abondance remplie de toute ſorte de fruits, & en ſa main gauche une Faucille. Sous ſes piés paroiſſent des Serpens, des Crapaux & autres reptiles.

PLANCHE CIV.

Chacune des quatre Figures précedentes eſt accompagnée d'un Feſton, contenant les Hieroglyphes qui lui ſont propres. C'eſt ce qu'on voit dans cette Planche, dont le premier ornement repréſente l'AIR, d'une maniere ſinon en tout differente de l'autre, du moins variée fort agréablement. Ce ſont premierement deux Genies qui ſemblent voler en l'air, ſonnant chacun d'une Trompette. Au deſſous eſt l'oiſeau conſacré à Junon, qui paroît élevé ſur une nuë. De cette nuë ſortent des vents, qui ſouflent l'un du brouillard & l'autre de la neige. Et plus bas ſe voyent divers oiſeaux, qui voltigent dans la moïenne region de l'air.

L'ornement qui accompagne la Terre, repréſente deux Genies qui raſſemblent des fruits pour en compoſer un Feſton. Plus bas eſt un Cerf couronné, dont le bois eſt auſſi orné de fruits, ſur leſquels on voit divers Quadrupedes.

Celui qui accompagne le FEU n'eſt preſque point different de l'ornement de la Planche CI. excepté que les Genies qui repréſentent ici cet Element tiennent chacun un marteau levé dont ils frapent l'enclume.

L'EAU eſt repréſentée de même par des Dauſins & des Genies terminez en poiſſons, qui en font couler de leurs urnes, & qui ſoûtiennent des Feſtons compoſez de divers Coquillages.

PLANCHE CV.

La Planche CV. repréſente un Trophée d'Armes apartenant à la Statuë de Mars; vous y voyez une Armure entiere avec l'Ecu, ou Bouclier, des Etendarts, des Epées, des Mousquets, des Canons, avec toutes les Munitions & Inſtrumens néceſſaires pour les charger.

PLANCHE CVI.

Cet ornement ne differe preſque point du précedent, ſi ce n'eſt qu'au lieu de l'Armure qui remplit le milieu du premier, celui-ci eſt occupé par un Bouclier orné d'une tête de Meduſe, ce qui marque que le Dieu Mars porte par tout la terreur, & la mort, comme cette tête redoutable, que l'on ne pouvoit regarder ſans mourir.

PLANCHE CVII.

Autre Trophée d'Armes, où l'on voit les mêmes pieces que dans les deux précedens, mais dans une diſpoſition differente.

PLANCHE CVIII.

La Planche CVIII. repréſente les Chapiteaux des Colonnes de la Grand'Sale: les uns ornez de figures de Femmes aîlées, & les autres d'un Aigle éployé avec la Couronne Imperiale ſur la tête, & accompagnez de divers feuillages.

PLANCHE CIX.

La Planche CIX. & derniere eſt diviſée en deux parties; la premiere repréſente un Basrelief compoſé de Rameaux qui ſervent d'accompagnement à un Pilaſtre; & la ſeconde, la moitié d'un autre ornement compoſé d'une Guirlande & d'une Corne d'abondance, ſurmontées d'un Ange; & de deſſous ſes aîles on voit naître deux branches fleuries, travaillées fort délicatement.

FRONTISPICE DE LA MAISON DE VILLE.

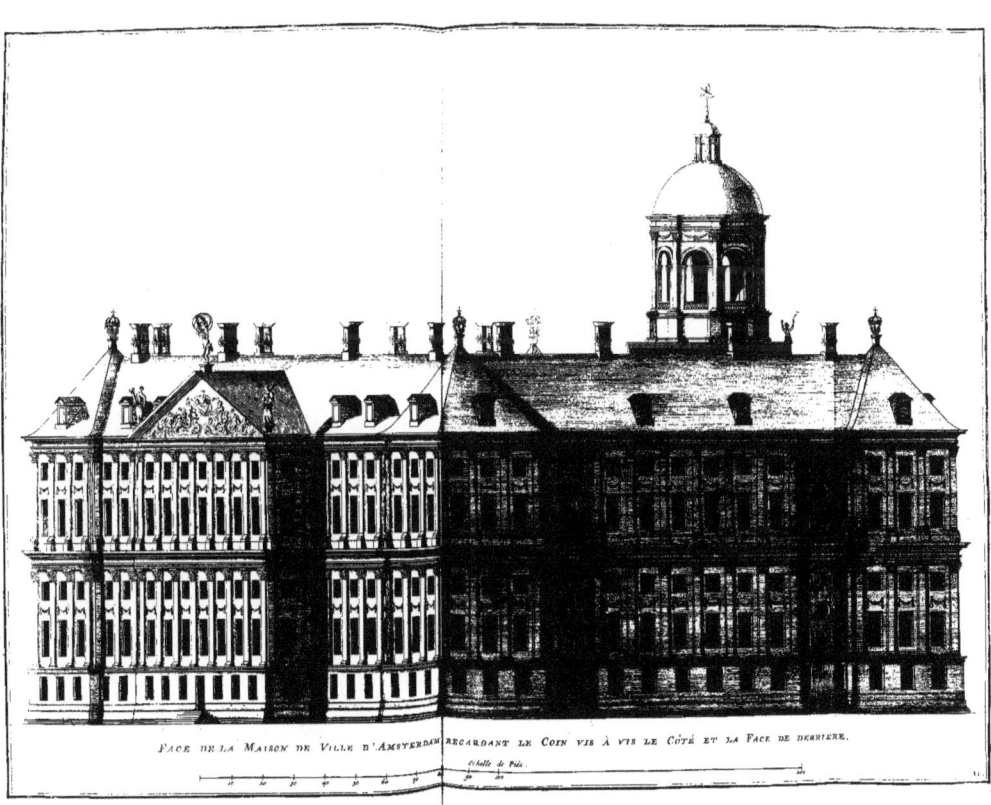

FACE DE LA MAISON DE VILLE D'AMSTERDAM REGARDANT LE COIN VIS À VIS LE CÔTÉ ET LA FACE DE DERRIERE.

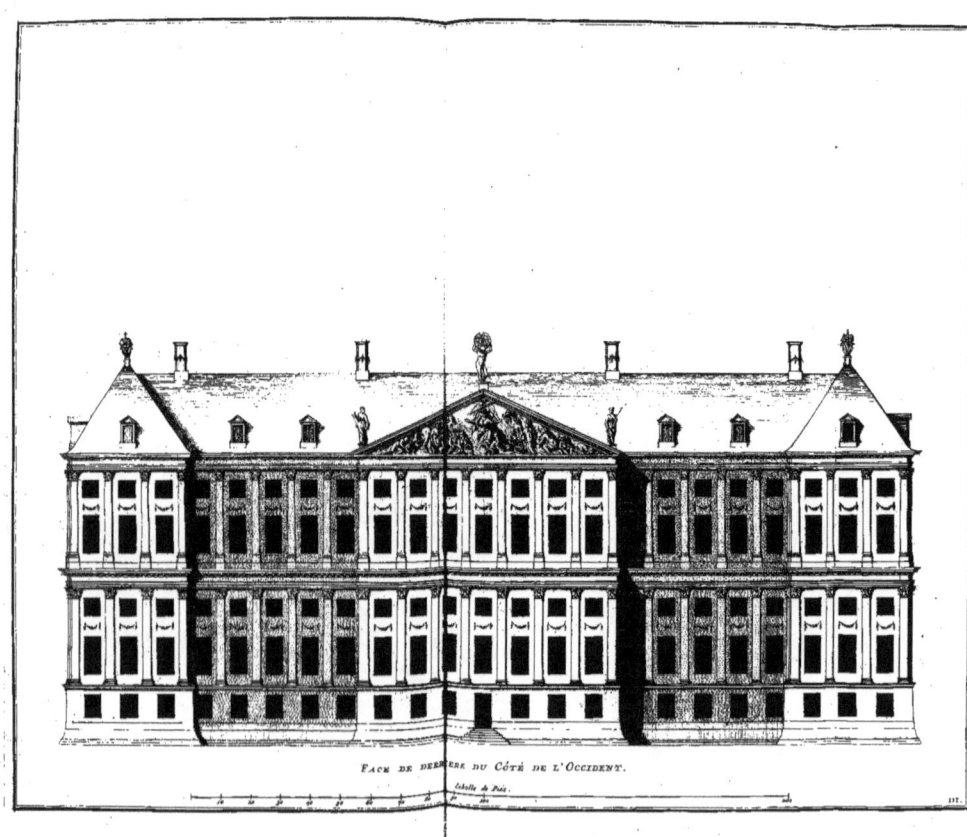

Face de derriere du Côté de l'Occident.

COUPURE DE LA FACE DE LA MAISON DE VILLE D'AMSTERDAM. LA FACE DE DEVANT DU CÔTÉ DE L'ORIENT ÔTÉE.

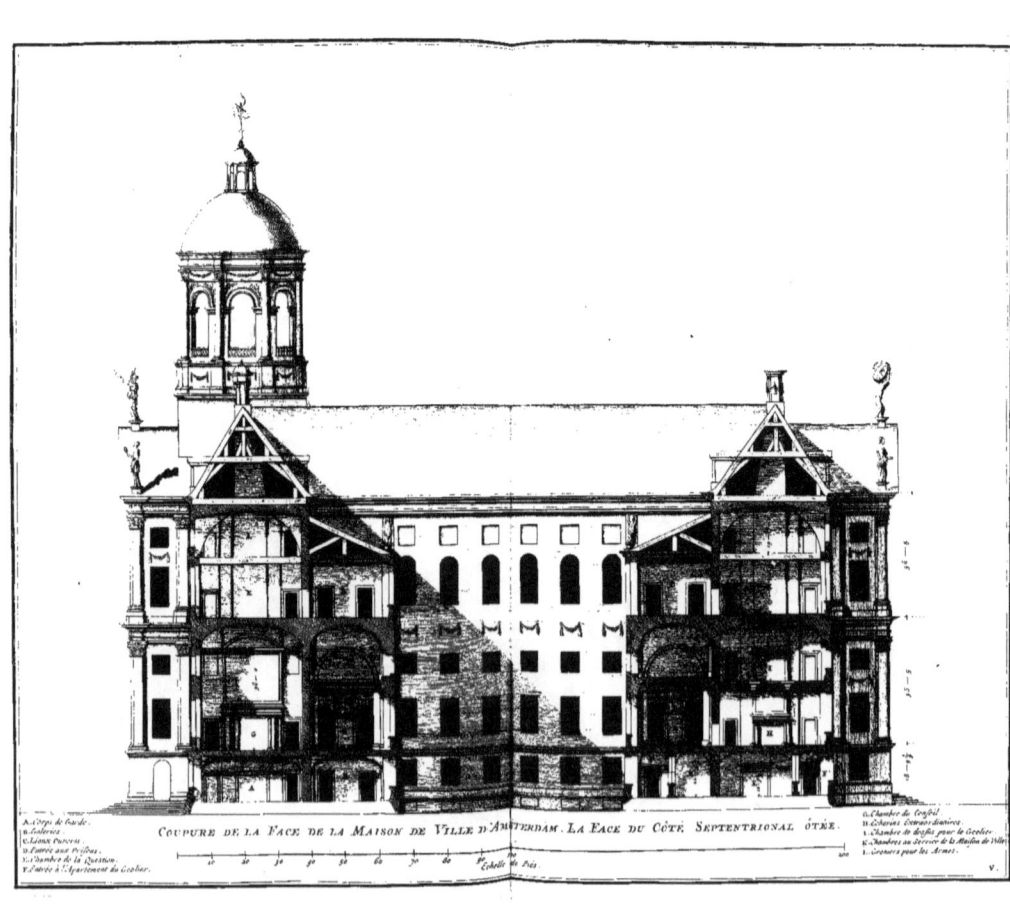

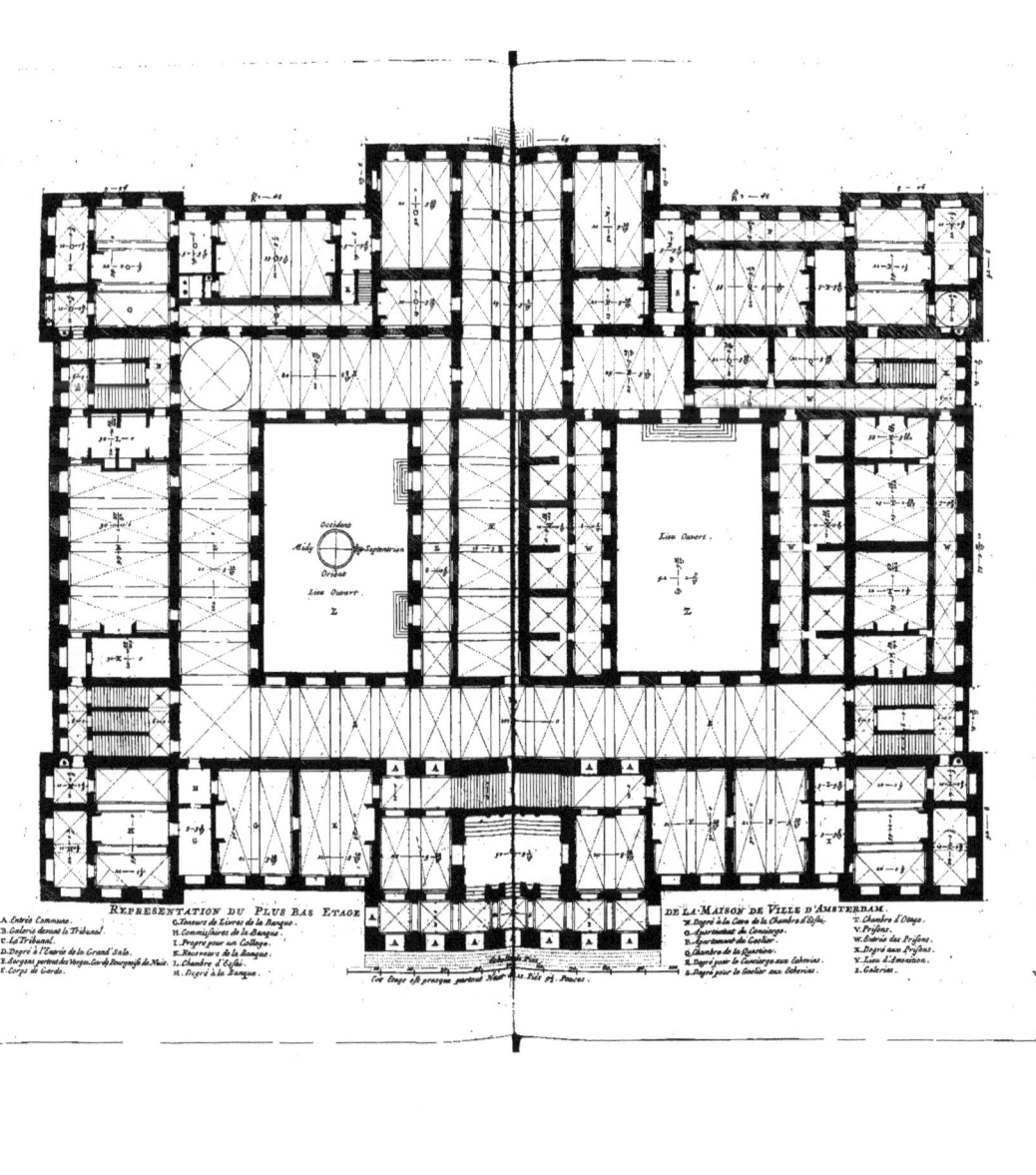

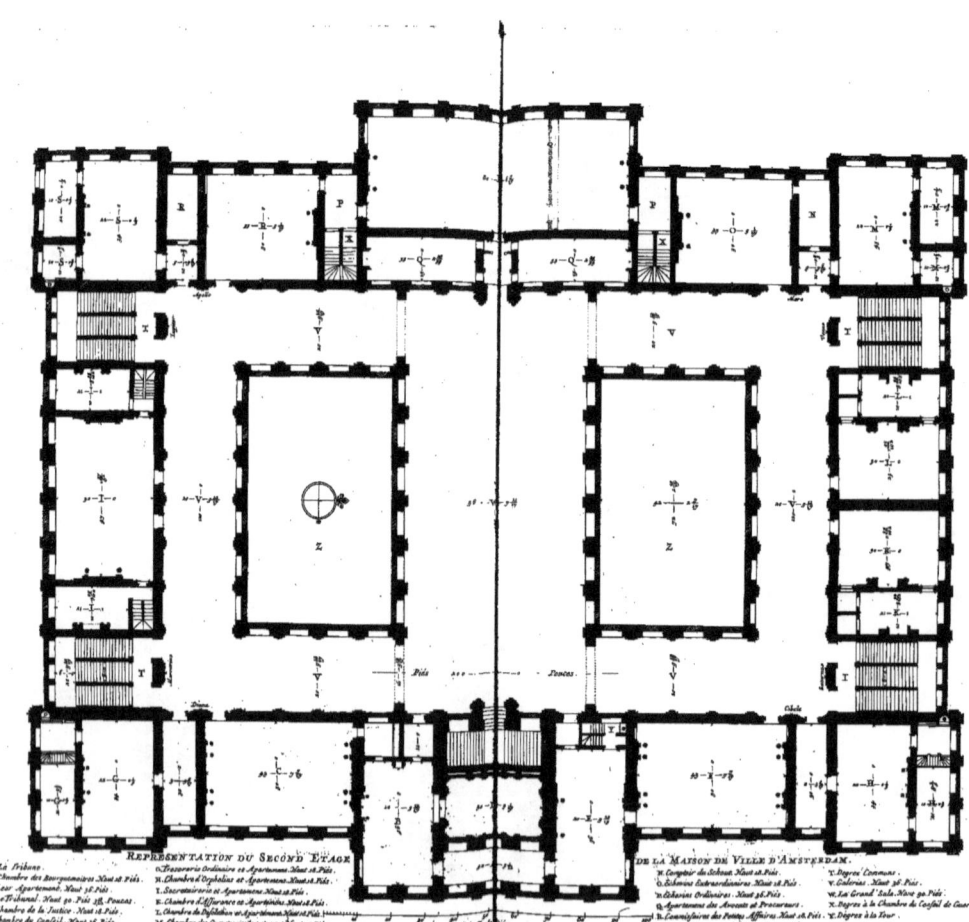

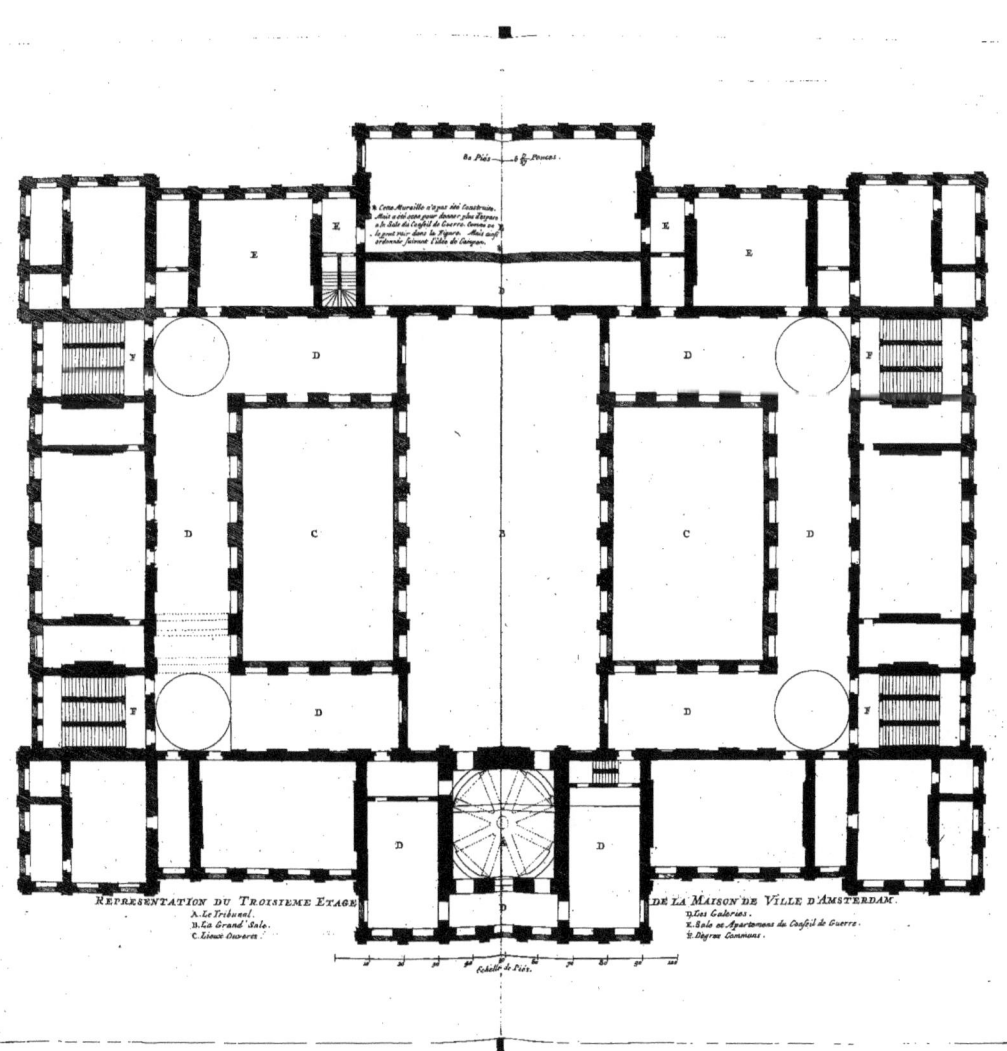

www.ingramcontent.com/pod-product-compliance
Lightning Source LLC
Chambersburg PA
CBHW070546170426
43200CB00011B/2576